Ulrike Dietmann

Das gebrochene Herz

Mein Weg der Selbstheilung

spiritbooks

Das Werk, einschließlich aller seiner Teile, ist urheberrechtlich geschützt. Jede Verwertung ist ohne Zustimmung des Verlages und des Autors unzulässig. Dies gilt insbesondere für Vervielfältigungen, Übersetzungen, Mikroverfilmungen und die Einspeicherung und Verarbeitung in elektronischen Systemen.

© 2015 spiritbooks, 70173 Stuttgart
Verlag: spiritbooks, www.spiritbooks.de
Autorin: Ulrike Dietmann
Buchsatz und Drucklayout: PCS Schmid, www.pcs-schmid.de
Covergestaltung: Corinna Witte-Pflanz, www.ooografik.de
Druck und Verlagsdienstleister: www.tredition.de
Coverfotos/Kapitelgrafiken: *Orange paint background* © oly5 – Fotolia.com; *watercolor heart. Concept – love, relationship, art, painting* © undrey – Fotolia.com; *Sun watercolor painted* © dannywilde – Fotolia.com; *sun symbol yellow circle composed of thin lines* © mimacz – Fotolia.com; *beautiful young girl* © Nata Konstantinova – Fotolia.com
Printed in Germany
ISBN: 978-3-944587-27-1

Inhaltsverzeichnis

Einleitung: Dieses Buch ist eine Initiation..................IX
Was ist XVII

Tag 1 – Die Vision 1
Tag 2 – Der Schmerz ist ein Großer Lehrer..................13
Tag 3 – Ziele..................21
Tag 4 – Mein Plan..................35
Tag 5 – Warum bin ich noch nicht erleuchtet?..................50
Tag 6 – Liebe und Beziehungen..................60
Tag 7 – Ich habe begonnen zu reden..................73
Tag 8 – Ich erlaube dem Leben alles..................87
Tag 9 – Der Schmerz kehrt wieder..................100
Tag 10 – Ich brauche die Wahrheit – Jetzt..................107
Tag 11 – Wer bin ich und was ist meine Geschichte?..................128
Tag 12 139
Tag 13 – Wer bin ich wirklich?..................153
Tag 14 166
Tag 15 – Das Leben tanzt..................178
Tag 16 – Unsere Geschichten – Das ist unser Leben..................185

Danksagung..................192
Über die Autorin..................194

Alles, was von Bewusstsein berührt wird, wandelt sich.

Für all meine Brüder und Schwestern,

deren Herz gebrochen wurde ...

Holt euch eure Power zurück.

EINLEITUNG: Dieses Buch ist eine Initiation

Es ist nicht immer schön, aber es ist wahr und es geht wie jede wahre Initiation gut aus.

Ende Januar 2015 erlitt ich ein Trauma. Es ist das erste Mal, dass mir so etwas in dieser Heftigkeit passiert ist. Ich bin eine spirituelle Lehrerin, ich arbeite mit Pferden und der Kraft der Natur. Damit will ich sagen, dass ich viele Möglichkeiten kenne, mit Ungleichgewichten in meinem Bewusstsein umzugehen.

Auf diese Situation war ich nicht vorbereitet. Überhaupt gar nicht. Wahrscheinlich hätte ich weitergemacht wie bisher, wenn ich nicht ein schweres Handicap erlitten hätte: Ich verlor mein Gehör. Nicht ganz, aber doch so viel, dass meine Arbeit schwer beeinträchtigt war. Ich konnte meine Klienten am Telefon nicht mehr genügend verstehen und ich konnte die Teilnehmer bei Workshops nur verstehen, wenn ich direkt neben ihnen saß, was bei Seminaren, in denen sich Teilnehmer in einer Gruppe austauschen ein K.-o.-Kriterium ist.

Ich war von meiner Umwelt abgeschnitten. Das Taubsein zeigte mir deutlich, was mit mir los war. Wahrscheinlich hätte ich meine Situation sonst immer noch nicht ernst genommen.

Der Anlass für das Trauma war, dass der Mensch mit dem ich die letzten 30 Jahre meines Lebens verbracht hatte, mit dem ich zwei Kinder großgezogen hatte, mir mitteilte, dass er sich trennen wollte und mich bat, aus der gemeinsamen Wohnung auszuziehen, weil er mit seiner neuen Liebe dort einziehen wollte.

Er bot auch an, selbst auszuziehen, aber allein konnte ich mir die Wohnung nicht leisten.

Ich fiel wie ein Stein ohne jeden Luftwiderstand ins Bodenlose. Kurze Zeit später setzte eine Trauma-Reaktion ein. Mein Herz begann zu rasen, mein Körper krümmte sich vor Schmerz, ich fing an zu heulen wie ein Tier, ein überwältigender Schmerz rollte in immer neuen Wellen über mich. Ich verlor jede Kontrolle über mich und meine Reaktionen. Ich war sicher, dass mein Leben zu Ende war. Ich musste nur genügend Kraft sammeln, um die nächste hohe Brücke zu finden, von der ich mich dorthin stürzen konnte, wo meine Seele im Augenblick schon war.

Meine Freundin Eva Reifler rief an diesem Vormittag an und bekam mit, was geschehen war.

"Komm zu mir", sagte sie.

"Ich bin nicht in der Lage, ein Flugticket zu buchen", sagte ich. Sie wohnt in Paris.

"Ich hole dich ab", schlug sie vor. Sie wäre tatsächlich von Paris nach Stuttgart gefahren. Das rührte mich und es war eine wirksame Erste Hilfe-Maßnahme. Weil ich ihr die lange Fahrt nicht zumuten wollte, einigten wir uns darauf, dass sie mir ein Zugticket nach Paris buchen würde. Sie buchte mir eines in der ersten Klasse. Auch das war ein unerwarteter Akt der Wertschätzung, der mir Kraft gab. Damit begann meine Reise ...

Ein Trauma ist wie eine kaputte Maschine.

Das Tückische an einem Trauma ist, dass die Symptome, wie in meinem Fall der Hörverlust, sich ständig neu inszenieren, in dem Versuch, etwas zu verbessern. Wie ein Tiger im Zoo rennt das Trauma-Symptom immer wieder gegen die gleichen Gitter, im Glauben, er könne sich dadurch befreien. Das Gegenteil passiert: Das Symptom wird chronisch. Die Vorstellung tatsächlich dauerhaft so schlecht hören zu können, machte mir echt Angst. Ich würde meine Arbeit, die zugleich meine Mission ist, nicht weiterführen können.

Am Anfang war ich nur lebensmüde. Ich hatte keinen Antrieb, etwas zu ändern. Ich war gefangen in der Hölle des Traumas. Dann besuchte ich ein Seminar bei der spirituellen Lehrerin Esther Kochte, die ich persönlich kannte, die selbst ein Trauma erlitten hatte, die selbst Autorin und Künstlerin ist und der ich vertraute. Wegen meines Hörverlustes verstand ich vieles nicht und begann stattdessen zu schreiben. In dem Seminar ging es um Heilung durch Augenblicks-Bewusstsein. Das ist auch der Inhalt meiner Arbeit: In meinen Seminaren führe ich die Menschen mit Hilfe der Pferde und der Naturkraft in ein Gegenwartsbewusstsein, in dem Heilung und Wachstum möglich ist.

Am Tag nach Esther Kochtes Seminar "Theta-Healing" machte ich einen Deal mit dem Leben:

Ich würde ein Buch schreiben, um mich selbst zu heilen – durch Gegenwartsbewusstsein. 16 Tage, an denen ich jeweils 12,5 Seiten schreiben würde. 200 Seiten. Ich würde schreiben und heilen oder ich würde sterben.

Schreiben ist Heilung

"Die wirksamste Medizin ist die natürliche Heilkraft, die im Inneren eines jeden von uns liegt", sagt Hippokrates, der Urvater der Ärzte. Das habe ich ernst genommen. Ich kenne die Heilkraft des Schreibens. Ich habe die Pegasus Schreibschule ins Leben gerufen, in der ich Schreibbesessene zu authentischen Autoren ausbilde und ich schreibe schon mein Leben lang, führe einen kleinen Verlag und habe selbst zahlreiche Bücher veröffentlicht.

Der Ernstfall war da: Würde es mir gelingen durch bewusstes Schreiben, wieder ins Leben zurückzukehren?

Das schiere Tempo ..., 12,5 Seiten pro Tag sind ein strenges Pensum ... würde mir keine Ausweichmanöver erlauben.

Das Buch war die radikalste Selbstbegegnung, die ich je erlebt habe.

Das Buch berührte Tiefen, die mir große Angst machten. Jeden Tag begegnete ich von Neuem der vollkommenen Mutlosigkeit und dem Scheitern, die Teile des Traumas waren. Und jeden Tag geschah ein Wunder, jeden Tag begegnete ich einer Kraft, die aus einer unbekannten Quelle kam. Das Leben selbst war angetreten, um mit mir einen Kampf auszufechten. Ich wollte sterben – das Leben wollte etwas anderes.

Warum ich keine privaten Umstände schildere.

In diesem Buch geht es nicht um die Details meiner privaten Umstände. Der Grund dafür ist, dass genau das die Trauma-Symptome fortsetzt und verfestigt. Das Trauma-Bewusstsein versucht, das Trauma immer wieder neu zu inszenieren unter anderem durch Geschichten, die es spinnt. Der Traumatisierte versucht, durch eine Geschichte Kontrolle über das Geschehen zu erlangen. Das ist eine sinnvolle Reaktion, aber:

Es gibt Geschichten, die heilen und Geschichten, die das Trauma fortsetzen – und dieser Unterschied ist absolut entscheidend.

Geschichten, die heilen, entstehen nicht, in dem das Vergangene wiedergekäut wird. Geschichten, die heilen, entstehen im Augenblick in dem etwas Neues kreiert wird. Für die Trauma-Heilung ist es nicht wichtig, ob das, was ich über das Vergangene denke und glaube, wahr ist. Wichtig ist, dass es mir real erscheint. Denn nur die Wahrheit heilt. Und die Wahrheit ist eine sehr subjektive Angelegenheit. Wenn man nicht bei der Wahrheit, beim eigenen Empfinden bleibt, verfestigt man Muster und Trauma-Symptome. Für die Trauma-Heilung muss ich die Freiheit haben, eine eigene Version des Ereignisses zu schaffen. Ich muss frei sein von den Anforderungen des Gewissens, der sozialen Gerechtigkeit und der Fairness, die für mich sonst oberstes Gebot wären. Ich muss frei sein, den Horizont meines bekannten Weltbildes zu überschreiten – und auch den Horizont des kollektiven Weltbildes.

Dazu kommt, dass Trauma-Prozesse ähnlichen Gesetzmäßigkeiten folgen, egal ob sie durch eine Trennung, durch einen Unfall oder eine andere überwältigende Situation entstanden sind. Mit *überwältigend* ist auch hier das subjektive Empfinden gemeint. Was für den einen als Trauma erfahren wird, kann für einen anderen vielleicht nur ein dramatischer emotionaler Konflikt sein. Es war eine meiner Schwierigkeiten, mir zuzugestehen, dass ich tatsächlich unter einer Trauma-Reaktion litt. Etwas, das ich nicht mit den Mitteln emotionaler Heilung lösen konnte.

Ein Trauma ist eine Verletzung auf der Ebene des Instinkts oder, auf das Gehirn bezogen, eine Verletzung auf der Ebene des Stammhirns oder des Reptiliengehirns.

Ein Pferd ist ein wirksamer Trauma-Heiler

Die erste erstaunliche Erfahrung machte ich, als ich während eines zweistündigen Ausritts mit meiner Freundin Eva Reifler, auf ihrem hochsensiblen Wallach Zaki, plötzlich wieder hören konnte. Da wusste ich, dass mich nur so etwas wie authentische Energie heilen konnte, wie man sie in der Natur und bei Pferden findet. Ich wusste auch, dass mir eine Gesprächstherapie oder eine herkömmliche Psychotherapie nicht helfen konnte. Als ich nach dem Ausritt abstieg, kehrte die Taubheit wieder, aber ich hatte etwas sehr Wichtiges verstanden.

Ein Trauma ist eine missglückte Initiation. Die Naturvölker nutzen Rituale, um Entwicklungsstufen von Menschen wirksam vollziehen zu können. Zu einer rituellen Initiation gehören zwei wesentliche Elemente: Der Initiand begeht die Initiation freiwillig und absichtsvoll. Er wird dabei von einer wohlwollenden Stammesgemeinschaft getragen. Diese beiden Elemente fehlten in meiner unfreiwilligen Initiation. Unbewusst habe ich sie mir jedoch geschaffen. Genau diese beiden Elemente haben mich schließlich geheilt: Ich fand Transformationsprozesse, mit denen ich die Transformation bewusst und absichtsvoll durchlebte. Und ich wurde getragen von einer Gemeinschaft unglaublich liebeswürdiger und einfühlsamer Menschen, die im richtigen Augenblick für mich da waren.

Ich bin eine Lehrerin der Transformation und jetzt erlebte ich selbst die größte Transformation.

Lange Zeit konnte ich nicht glauben, dass ich jemals aus dem Alptraum aufwachen würde. Aber ich bin aufgewacht. Ich bin ein anderer Mensch und die Erfahrung fügt meiner Arbeit eine neue Dimension hinzu. Das Buch habe ich geschrieben, um mich persönlich zu heilen.
Jetzt, wo ich es beendet habe, soll es anderen dienen, den Prozess der Selbstheilung besser zu verstehen.

Das Buch ist ein tiefes Eintauchen in die Gegenwart eines Traumas, in das Chaos, den Schmerz und die Ausweglosigkeit, die jeder dabei erfährt.

Es ist ein Buch über das faszinierende Wirken der Selbstheilung, das jenseits von unserer Kontrolle und unserer Willenskraft geschieht. Es ist eine Begegnung mit dem, was wir finden, wenn wir alles verloren haben.

Es ist auch ein Buch über den Umgang unserer Kultur mit Trauma und Heilung. Mir wurde durch meine eigene Betroffenheit erschreckend bewusst, dass unser Verständnis von Gesundheit, Krankheit und Heilung auf Voraussetzungen beruht, die uns eher krank machen und krank bleiben lassen, als uns zu jener einzigen Form von Heilung zu führen, die uns hilft: Der Selbstheilung.

Dass alle Heilung Selbstheilung ist, das ist inzwischen eine wissenschaftliche Tatsache. Damit dies wirksam werden kann, müssen zwei wesentliche Elemente unseres Weltbildes neu betrachtet werden:

Heilung ist eine subjektive Angelegenheit und nicht verträglich mit dem objektiven naturwissenschaftlichen Weltbild. Wir müssen davon ausgehen, dass unsere Wahrnehmung der Wirklichkeit immer eine Projektion ist, also eine subjektive Angelegenheit. Nur unter dieser Voraussetzung kann nachhaltige Heilung stattfinden.

Niemand hat mehr Autorität über unsere Heilung als wir selbst. Kein Arzt, kein Therapeut, kein Heiler. Wir selbst entscheiden, ob wir gesund werden wollen oder krank bleiben und was Gesundheit für uns jeweils bedeutet.

Unsere herkömmlichen Überzeugungen über Heilung machen uns krank.

Interessanterweise findet man die oben genannte Haltung eher bei einem intuitiven Heiler als bei einem Arzt oder konventionellen Therapeuten.

Unsere Gesellschaft jedoch grenzt die Heiler aus und entwertet sie, während sie diejenigen, die das naturwissenschaftliche Gesundheitsmodell vertreten, fördert und belohnt.

Damit verspielen wir uns die Chancen, genügend Selbstbewusstsein zu entwickeln, um uns selbst zu heilen, ... genügend Information zu erhalten, um zu wissen, wie das geht ... und um jene finden zu können, die uns in der Finsternis begleiten können, damit wir das Licht wiederfinden.

Zum Glück hatte ich durch meine Arbeit mit Transformationsprozessen genügend Erfahrung und Vertrauen, um meine Heilung in die eigene Hand zu nehmen. Es ist meine Vision, dies auch anderen Menschen zu ermöglichen. Das ist der Grund, warum ich dieses Buch veröffentliche.

Was ist

Ich sitze in einem Zugabteil 1. Klasse nach Paris und möchte sterben. Aber das kann ich meiner Freundin Eva nicht antun. Ich sitze in der Höhle der Demeter und heile mein Trauma.

Es beginnt damit, dass ich verstanden habe, dass es allein in meiner Macht liegt.

Es beginnt damit, dass ich aufgehört habe, die Schuldigen außerhalb von mir zu suchen. Das ist der erste Schritt zu meiner Befreiung.

Es beginnt damit, dass ich anerkenne, was ist. Nicht meine objektive Situation. Ich anerkenne, was für mich ist. Und dass allein meine Wahrnehmung zählt.

Es beginnt damit, dass ich anerkenne, wie verletzt ich bin.

Es beginnt damit, dass ich keine Geschichte erzählen muss, sondern einzig und allein das Leben wiederfinden.

Ich anerkenne, dass ich unter Schock stehe, mein ganzes System in Alarm ist, mir das Herz bis zum Hals schlägt, als müsse ich um mein Leben rennen.

Ich anerkenne, dass ich mich wie eine Gejagte fühle. Gejagt von meinem eigenen Schatten.

Ich anerkenne, dass ich geflohen bin vor etwas Unerträglichem in mir selbst und dass es keinen Ort mehr gibt, an dem ich sicher bin.

Ich anerkenne, dass ich mich so unendlich einsam fühle, dass mir das Herz zerspringt.

Ich anerkenne, dass ich taub bin. Ich höre nur noch schemenhaft. Ich bin abgeschnitten von meiner Umwelt und gleichzeitig ist meine Sehnsucht nach Nähe unermesslich. Mir wurde so viel Nähe entrissen, dass mein Körper schmerzt, blutet aus einer unstillbaren Wunde.

Es beginnt mit dem Schmerz.

Es beginnt damit, dass ich allen Halt verloren habe, dass nichts mehr etwas bedeutet. Dass ich keine Kraft mehr habe, dass es keinen Grund mehr gibt, weiterzuleben, dass alles bedeutungslos geworden ist.

Es beginnt damit, dass ich in den Spiegel schauen muss. Die härteste Lektion meines Lebens wartet auf mich.

Es beginnt mit einem großen Gefühl der Befreiung. Was ich war, fällt von mir ab und ich erkenne ein riesiges Universum der Illusionen.

Ich bin NICHTS mehr. Es beginnt mit einem großen Nichts.

Ich bin leicht reizbar durch Menschen, die mir Rezepte und Lösungen anbieten. Ich will nichts wissen von irgendeiner Zukunft. Ich will nichts wissen von irgendeiner Hoffnung. Jede Aussicht auf Besserung empfinde ich als eine Beleidigung. Jedes Erkennen, jedes Verstehen tut weh, denn es verlängert nur das Sterben der Illusionen.

Nichts überlebt, keine einzige Idee, keine einzige Vorstellung, keine einzige Identität. Was mich nährt: Dass ich NICHTS bin und dass alles, was auf mich zukommt und IST, von mir als feindlicher Angriff wahrgenommen wird.

Ich bin aus jeder Realität herausgefallen. Und zugleich erkenne ich die Wahrheit.

Es beginnt mit einer Öffnung.

Etwas fließt in meinen Körper. Atem. Ich bin Atem. Und mein Atem hat Kraft. Zum ersten Mal in meinem Leben fühle ich die ganze Kraft des Atems. Er ist wie der erste Atem.

Ich atme ganz allein. Wo ich doch die letzten 30 Jahre immer zu zweit geatmet habe. Jetzt atme ich allein. Etwas wurde aus mir herausgerissen, etwas, von dem es mir scheint, dass ich ohne es nicht leben kann. Aber auch das ist eine Illusion. Ich atme jetzt ALLEIN. Wie bei meiner Geburt. Ich atme. Es ist gut. Es ist gut zu atmen. Es ist ein Grund zu leben. ATMEN. Mehr brauche ich nicht. Und auch das nicht. Ich muss nicht atmen. Ich atme einfach nur.

Es ist kein Trost, es ist keine Beruhigung, es ist keine Lösung, es ist keine Rettung. Es ist nur atmen.

Ich muss niemand sein. Darin fühle ich mich wohl. Ich darf NICHTS sein. Ideen und Vorstellungen, das fühle ich ganz körperlich, tun weh. Sie bereiten mir Schmerz. Und jetzt. wo sie alle weggefallen sind, fühle ich, wie mich auch der Schmerz verlässt. Der Schmerz geht mit den Vorstellungen und Überzeugungen. Nichts sein zu müssen. Hier kann ich atmen.

Ich bin jetzt eins mit meiner Taubheit, mit meinen verschlossenen Ohren. Ich bin nicht länger GEHORSAM. Ich höre nicht mehr. Ich geHÖRE nicht mehr.

Ich schreibe. Es ist wie atmen. Die Sprache kehrt zu mir zurück. Jetzt, wo ich nicht mehr bin. Das ist wohl das Eigentümlichste. Jetzt, wo ich aufgeHÖRT habe, etwas zu sein, kommt die Sprache zu mir. Sie spricht für mich und ich höre ihr zu.

Tag 1 – Die Vision

09.02.2015

Seit fünf Wochen lebe ich in einem Schockzustand. Mein Leben, wie ich es bisher gekannt habe, gibt es nicht mehr. Ich lebe jetzt allein. Ich habe noch nie allein gelebt. Dreißig Jahre lang habe ich mein Leben geteilt mit einem Menschen, der mir jetzt fremd ist, dem ich jetzt fremd bin. Ich kenne mich nicht mehr. Aber das ist noch das Geringste. Ich lebe in einer Betäubung, in einem Zustand der Gewalt, die ich gegen mich selbst richte – und es war mir lange Zeit nicht bewusst. Ich habe es nicht bemerkt. Ich habe nicht bemerkt, was ich mir antue. Erst jetzt, wo ich nicht mehr höre, wo meine Ohren taub sind und ich von der Umwelt abgeschnitten bin. Jetzt wache ich auf. Als wäre ich eingefroren gewesen, seit ... ja seit wann ... ?

Ich habe eine Vision. Ich weiß es, auch wenn ich sie nicht benennen kann. Ich kenne das Wesen von Visionen. Sie kommen, ohne dass sie gerufen werden. Plötzlich sind sie da. Mehr noch: Wir haben immer eine Vision, auch wenn wir nicht immer den Zugang dazu haben. Aber ich beharre darauf: Ich habe eine Vision. Vor zwei Wochen noch wollte ich sterben, ich war fest entschlossen. Der Schmerz, den anderen Menschen zu verlieren, mit dem ich mein Leben geteilt habe, war so groß. Ich konnte mir nicht vorstellen, ohne ihn zu leben. Und vielleicht bin ich jetzt tot. Und habe es nur noch nicht bemerkt. Und wenn ich tot bin, wie komme ich dazu, von einer Vision zu reden? Es ist nur der eine Satz, der plötzlich da war, mit der Aufforderung, ein Buch zu schreiben.

Etwas, was für mich Leben bedeutet.

Schreiben bedeutet Leben und ich schreibe jetzt, um zu überleben. Ich habe nur diesen einen Satz. Es ist keine große Leidenschaft in diesem Satz. Er ist nur da, wie mein Atem. Der Satz und der Text, der sich schreibt, während ich atme. Ohne Leidenschaft. Es ist nur Leben.

Nehmt mich – tut mit mir, was ihr wollt. Ich habe nichts mehr zu verlieren.

Visionen haben Vorboten, wie diesen einen Satz. Sie schicken ihren Äther voraus wie zarte Fühler, wie den Flaum eines Kükens, der meine Wange berührt. Ich warte auf diese Vision und ich kann auch sagen, warum. An jenem Tag, an dem ich bereit war zu sterben – als ich starb – habe ich eine Entscheidung getroffen. Ich habe einen Schwur abgelegt. Das war nichts Absichtsvolles, nichts Geplantes. Nichts, was mir als Rettung dienen sollte. Es kam aus den Tiefen eines mir bis dahin unbekannten Seins. Eine Stimme, die sprach, die ich nicht als meine erkannt habe, und die doch meine Stimme war. Ich habe ein Versprechen abgegeben. Ich habe mein Leben einer Instanz übergeben, die ich nicht kenne.

Ich habe geschworen: Wenn ihr eine Aufgabe für mich habt, ich bin da. Sagt mir, wo es lang geht, denn ich habe den Weg verloren. Ich habe keinen Weg mehr. Mein Leben ist zu Ende. Wenn es noch einen Grund gibt, warum ich hier auf dem Planeten Erde bleiben soll, zeigt ihn mir. Dieses Versprechen, das aus einem unbekannten Teil meiner selbst kam, war die Initiation. Ich werde diesen Tag nie vergessen.

Er war das Ende meines bisherigen Lebens und der Anfang eines neuen.

Ich habe das Tor geöffnet, um zu dienen. Denn das habe ich mein Leben lang getan. Ich habe gedient, meinem Lebensgefährten, meinen Kindern, meinen Büchern, meinen Tieren, vielen Menschen. Jetzt, wo ich ihnen nicht länger dienen kann, diene ich etwas, das ich noch nicht kenne. Etwas Unbekanntem. Ich bin ein Werkzeug.

Seit fünf Wochen warte ich darauf, dass die Taubheit aus meinen Ohren verschwindet und ich weiß, dass sie zusammenhängt mit der Vision. Ich muss die innere Kraft finden, um die Vision tragen zu können. Die Vision ist weit entfernt von den alltäglichen Ereignissen. Sie hat nur wenig mit ihnen zu tun. Sie kommt aus einer anderen Quelle. Und doch stimmt es nicht ganz, dass sie nur wenig mit dem Alltag zu tun hat. Der Alltag ist ein präzises Abbild vom Nahen der Vision, von den Hin- und Herbewegungen, dem Annähern und dem Rückzug. Aber die Quelle ist weit jenseits des Alltäglichen. Heute ist die Taubheit in meinen Ohren ein Stück aufgegangen. Es ist ein merkwürdiges Gefühl, wieder etwas hören zu können. Die Welt rückt wieder näher, ist wieder greifbarer.

Meine innere Kraft wächst, weil ich zur Wahrheit erwache. Ich fange an, klar zu sehen, was passiert. Ich kann wieder Wahrheit von Lüge unterscheiden. Das konnte ich lange nicht. Ich war bei einem Ohrenarzt. Ich habe ihm gesagt, dass ich nicht mehr hören kann, seit ich einen schweren Schicksalsschlag erlitten habe. Er sagte, mein Hörverlust sei ein Hörverlust, ob er mit meiner privaten Situation zusammenhinge, das sei wissenschaftlich nicht beweisbar.

Ich habe es satt, in einer Welt zu leben, in der das Offensichtlichste ignoriert wird. Dieser Arzt ist herzlos und versteht nicht das Geringste von Heilung. Heilung wäre gewesen, wenn er Mitgefühl gezeigt hätte. Wenn er, auch wenn es wissenschaftlich nicht bewiesen ist, mit mir ein Gefühl geteilt hätte. Eine Wahrheit nämlich, dass meine Ohren sich verschlossen haben als eine Reaktion auf die Gewalt, der ich erlaubt habe, Teil meines Lebens zu werden. Das hätte mir geholfen. Das hätte mich geheilt. Stattdessen hat dieser Arzt die Gewalt seiner Herzlosigkeit gegen sich selbst gerichtet. Zwei von Gewalt Zermürbte saßen sich gegenüber, ohne Ergebnis. Ich werde nicht mehr zu solchen Ärzten gehen.

Ich werde mich fortan selbst heilen. Auch wenn ich nicht weiß, wie.

Nur die Wahrheit heilt. Und ich bin zur Wahrheit erwacht. DAS habe ich gelernt – und vielleicht ist das meine Vision. Dass nur die Wahrheit heilt. Dass nur die Wahrheit Leben spendet. Das habe ich zutiefst erfahren in den letzten Wochen. Alles andere ist Bullshit.

Ich habe eine Vision.

Meine Vision kann die Taubheit meiner Ohren heilen. Denn die Vision gibt mir Kraft. Die Vision gibt mir die Kraft, der Gewalt, die ich zugelassen habe, und die jetzt auf meinen Ohren sitzt, etwas entgegenzusetzen. Ich bestehe darauf, dass ich mir die Gewalt selbst angetan habe. Dass es nicht die Gewalt war, die davon ausging, dass der Mann, mit dem ich mein Leben geteilt habe, es nicht länger mit mir teilen wollte. Was kann er dafür? Nichts.

Ich bin selbst verantwortlich für meine Reaktion. Darin liegt meine Heilung. Meine Heilung liegt darin, dass ich mir in vollen Umfang darüber bewusst werde, was mit mir geschieht, auch wenn es unerklärlich ist und in kein Schema passt. Ich bin angeschossen wie ein wundes Reh. Ich bin eine Gejagte und eine Schwerverletzte. Erst wenn ich das ganz anerkenne, kann ich weiterleben. In mir wirken unglaublich viele Instanzen, die mir eine Normalität vorgaukeln, die nicht mehr existiert. Die mich blind und taub machen.

Ich bin eine starke Frau!

Ich kann viel tragen. Wer viel tragen kann, kriegt auch viel Gepäck. Ich habe es gern getragen. Aber jetzt kann ich nicht mehr. Was ich vor allem NICHT kann, ist erkennen, dass ich nicht mehr kann. Erst seit ich nicht mehr gut höre, habe ich ein echtes Problem. Das Problem ist die Lösung! Diesen Satz habe ich notiert beim Workshop "Theta Floating" von Esther Kochte. Die Lösung ist, dass ich aufwache zu der Wahrheit, mir selbst massive Gewalt angetan zu haben. Die Verletzung gehört jetzt ganz mir. Sie gehört niemandem außer mir ganz allein. Und jetzt, wo sie ganz mir gehört, wo es keine Ursache mehr außerhalb von mir gibt, kann ich gesund werden. Ich brauche keinen Arzt. Ich brauche auch keinen äußeren Verursacher mehr. Ich kann den Weg nur allein gehen. Das kann ich aus voller Überzeugung sagen, auch wenn ich nicht mehr weiß, wer ich bin.

Es ist nicht wesentlich, eine Identität zu haben.

Es ist auch nicht wichtig, dass und ob ich eine starke Frau bin. Nichts ist wichtig. Es geht mir gut, jetzt wo nichts mehr wichtig ist. Das habe ich von meinem Pferd gelernt. Mein Pferd erinnert mich an die Wahrheit. Wahrheit, das ist nichts, was ich philosophisch diskutieren kann. Wahrheit ist eine Kraft. Ich finde sie in der Natur und bei den Tieren. In der Menschenwelt finde ich sie auch, aber da ist sie verdeckt.

Mein Pferd hat mich daran erinnert, dass nichts wichtig ist. Dafür bin ich ihm sehr dankbar. Sie tut das, seit sie bei mir ist, genau wie meine Katzen oder genau genommen meine eine Katze, Mia. Die andere Katze, die der Familie gehörte, verschwand, als die Familie sich auflöste. Mia blieb. Tiere kennen Identität, aber nicht so wie Menschen sie verstehen. Sie kennen Essenz. Die Essenz ist etwas anderes als die Identität. Die Essenz ist unzerstörbar. Die Identität kann zerfallen, so wie meine im Augenblick. Identität ist nicht wichtig. Essenz ist unzerstörbar.

Jetzt, wo ich meine Essenz fühle, bin ich unzerstörbar.

Meine Essenz zu fühlen ist ein unbeschreibliches Gefühl von Kraft. Ist das meine Vision?

Das Leben ist ein Wahrheitslehrer. Mit diesem Satz wache ich auf.

Er wird der Untertitel für mein Buch, zumindest sieht es im Augenblick so aus. Und das ist meine Vision: Jetzt in diesem Augenblick. Sie ist paradox. In meiner Vision gibt es nichts, was über das Leben hinausgeht. Es gibt keine VORSTELLUNG. Keine IDEE. Keinen BEGRIFF. Kein BILD. Nichts FESTUMRISSENES. Es gibt nur das Leben. Meine Vision ist, das Leben zu sein. Ich benutze den Begriff Vision, weil ich, in meiner Wahrnehmung, nicht immer dort bin, im Sein. Weil das Sein eine Vision ist. Ich bin auch jetzt, heute Morgen, nicht ganz da. Ich sitze vor meinem Bildschirm und tippe. Mein Bewusstsein ist nicht klar. Aber vielleicht ist das das BEWUSSTSEIN. Das NICHT KLARSEIN, und das URTEIL, nicht klar zu sein. Ja. Ja, das ist die Wahrheit – und das weiß ich auch: Es gibt nur diesen Weg für mich. Den schrumpeligen, holperigen, unvollständigen, von Zweifeln zerfressenen Weg des Bewusstseins. Dahinein will ich unendlich eintauchen. Darin liegt meine Heilung.

Nur die Wahrheit heilt.

Eine meiner Klientinnen, Andrea, konsultierte mich, weil ihre beste Freundin ihr einen schweren Vorwurf gemacht hatte. Auch wenn Andrea ein sehr bewusstes Leben führte, von diesem Vorwurf konnte sie sich nicht befreien. Ihre Freundin hatte zu ihr gesagt: "Du bist dominant. Wenn wir uns treffen, bestimmst du immer alles."

"Das ist so unfair", empört sich Andrea. "Es stimmt, ich bin selbstbewusst, aber was ist daran falsch?"

"Wie fühlst du dich jetzt im Augenblick?", frage ich.

"Unendlich müde. Ich könnte mich hinlegen und zehn Stunden am Stück schlafen."

"Fühle dich in der Müdigkeit ganz zu Hause", sage ich.

Ich konnte Andrea nicht sehen, denn das Gespräch fand am Telefon statt. Es entstand ein langes Schweigen. Dann hörte ich sie seufzen. Sie hatte ihren Atem gefunden.

"Es ist so unfair", sagt sie. "Ich habe so viel Kraft in diese Freundschaft gesteckt. Und das ist das Ergebnis. Ich bin unendlich müde." Wieder ein langes Schweigen. "Simone und ich wollten zusammen eine Wohnung mieten. Wir hatten auch schon eine sehr schöne Wohnung gefunden, wir waren dabei den Mietvertrag zu unterschreiben, da sagte sie, sie wolle noch einmal mit mir sprechen und hat mir dann gesagt, dass ich zu dominant wäre. Dass sie nicht mit mir zusammen wohnen könne. Das geht mir schon seit mehreren Jahren so. Ich will nicht mehr allein wohnen. Ich habe schon drei Anläufe genommen. Und jedes Mal ist das Ergebnis, dass ich dem anderen zu viel bin."

Auf einmal höre ich die Chillout-Musik, die im Hintergrund läuft, sehr fein, meine Ohren haben sich darauf ausgerichtet. Ich höre jeden einzelnen Ton wie einen Tropfen, der in meinen Körper fällt und dort eine heilsame Wirkung verbreitet. Andreas Worte, ihre Geschichte berühren mich. Es ist auch meine Geschichte. Auch mir wurde gesagt, dass wir nicht länger zusammenwohnen können. Ich bin vor zwei Wochen ausgezogen. Innerhalb von zwei Tagen hatte ich ein Zimmer in einer WG gefunden. So stark waren die Kräfte, dass sie dieses Zimmer in allerkürzester Zeit in mein Leben gebracht haben. Dieses perfekte Zimmer im sechsten Stock eines Hauses über den Dächern von Stuttgart, ein Zimmer zwischen Himmel und Erde.

In diesem Augenblick, in dem ich nicht antworte auf den Schmerz, den Andrea fühlt, spielt sich mein eigener Heilprozess ab. Das ist das Wesen meiner Arbeit als Coach. Andrea kann heilen, weil ich mich heilen kann. Meine Katze, die neben mir auf dem Sofa liegt, kann heilen, weil Andrea und ich heilen können.

Weil unsere drei Geschichten sich berühren.

"Du weißt es", sagt Andrea und es klingt geheimnisvoll. Mit "wissen" meint Andrea nicht eine Information, sondern einen Prozess. Eine Wandlung, die Heilung. Heilung ist eine Wandlung hin zur Wahrheit. Und sie geschieht – jetzt.

"Du willst nicht länger alleine leben", sage ich und spüre meine eigene Angst vor dem Alleinleben.

"Seit Olaf ausgezogen ist, ist da eine Leere in mir, die sich nicht füllen lässt. Ich bin so müde."

"Was ist da noch?", frage ich, weil ich spüre, dass sich hinter der Müdigkeit noch etwas anderes verbirgt.

"Ich brauche andere Menschen, um zu spüren, dass ich existiere", sagt Andrea nach einer Weile. "Wenn ich allein bin, übermannt mich der Schmerz." Auch dieses Gefühl erkenne ich wieder.

"Existierst du jetzt?", frage ich sie.

"Natürlich. Jetzt spreche ich mit dir."

"Und du spürst zugleich den Schmerz?"

"Ja."

"Existierst du im Schmerz?", frage ich.

"Ja."

"Wenn du so allein bist und den Schmerz spürst, existierst du?"

Sie zögert, zögert lange. Ich spüre, dass sich etwas verabschiedet.

"Ich weiß nicht weiter", sagt sie.

"Atme."

"Es tut so wahnsinnig weh."

"Atme nur."

Meine Aufgabe ist es, zu atmen. Solange ich atme, wird auch Andrea atmen und der Atem wird uns befreien. Ich muss nur atmen.

"Beschreibe mir, was passiert", sage ich jetzt.

"Der Schmerz breitet sich aus wie ein Geschwür. Er geht aus von meinem Solarplexus und weitet sich aus wie ein Baum mit tausend Ästen. Und jetzt habe ich Kopfschmerzen. Einen pulsierenden Kopfschmerz. Ich fange an zu zittern", fährt sie fort. "Der Kopfschmerz löst sich wieder auf. Aber das Zittern wird stärker, mir ist ganz kalt, obwohl die Heizung voll aufgedreht ist ... Wie konnte ich all diesen Menschen erlauben, mich so verletzen? Meine Freundin Simone, die mich dominant nennt, meine Freundin Elisabeth, die mich "zu lebhaft" nennt. Olaf, der mich zu anstrengend findet und sagt, dass ich ihn im Schlaf mit negativer Energie anstecke. Mit was für Menschen umgebe ich mich?????"

"Wie fühlt sich das an?", frage ich.

"Der Schmerz wird stärker, aber es ist, als würde er sich jetzt zu seiner ganzen Größe erheben, um dann ... es ist, als würde er sich ... befreien. Er hat Raum. Er hat Ärger. Ich bin ärgerlich auf diese Menschen, die mir solche Vorwürfe machen, aber mehr noch bin ich ärgerlich auf mich selbst."

Ich denke daran, dass mein Mann und ich zwei Kinder zusammen haben. Zwei wundervolle Kinder, die jetzt erwachsen sind und ihr eigenes Leben leben. Und dass sich in der Familie etwas verschiebt, dadurch, dass wir, die Eltern, nicht mehr zusammenleben, dass wir kein Paar mehr sind. Nicht nur in unserer Kernfamilie verschiebt sich etwas, auch in unseren Herkunftsfamilien, im ganzen Familiengewebe. Der Schmerz in meinen Ohren wird jetzt sehr laut und ich habe Angst, dass ich Andrea nicht mehr hören kann, weil meine Ohren alles, was von der Außenwelt kommt, ausschließen ... Ich füge mir selbst Schmerz zu. Warum weiß ich nicht. Ich weiß nur, dass es so ist.

"Warum genau bist du ärgerlich auf dich selbst?", frage ich sie.

"Bei dieser Frage wird mir eiskalt", antwortet sie.

"Welches Gefühl hast du?"

"Angst. Der Ärger ist der Angst gewichen."
"Was genau macht dir Angst?"
"Allein die Frage besänftigt meine Angst", erwidert sie.
Ich insistiere. "Was macht dir Angst?"
"Ich weiß nicht."
"Woran denkst du?"
"An meine Freundin Simone. Ich habe Angst, dass es ihr ohne mich nicht gut geht. Sie ist ... sie kann die Einsamkeit noch schwerer ertragen als ich. Ich bin ein fröhlicher Mensch, sie ist eher zurückgezogen und ... ein wenig leblos. Ich mag sie, weil sie sehr fein ist und weil sie sehr authentisch ist. ... Oh, jetzt spüre ich großen Ärger! Sie ist nicht authentisch ... kein bisschen ... sie ist eine verlogene Ratte. Sie hat mich diese ganze Geschichte mit der Wohnungssuche allein durchziehen lassen, sie hat immer gesagt, prima, alles gut. Danke, dass du dich kümmerst. Und jetzt, kurz bevor wir den Vertrag unterschreiben wollen, zieht sie sich zurück. Sie steht nicht einmal dazu, dass sie den Rückzieher macht, sondern schiebt es auf mich, beleidigt mich, in dem sie sagt: Ich wäre zu dominant und alles ginge immer nach meinem Willen. Ich muss jetzt dem Vermieter, der den anderen Interessenten abgesagt hat, der mir vertraut hat, der aus Dortmund angereist kommt, sagen, dass ich zurücktrete. Sie ist verreist bis Dienstag, geht wahrscheinlich zu ihrem Therapeuten und sucht Bestätigung dafür, dass sie an einen rücksichtslosen Menschen wie mich geraten ist ... aber ich will das gar nicht auf ihr abladen. Ich hätte es merken können. *Es bin ich.* Ich sorge mich um andere, setze mich für andere ein, sorge mich auch noch um sie, nachdem sie mich verletzt haben. *Es bin ich!*" Sie seufzt tief.

Wieder höre ich die Töne wie Tropfen in meinen Körper fallen, sehe ich die Schneeflocken vor meinem Fenster langsam nach unten schweben. Meine Ohren, meine Wahrheitslehrer, sind frei. Sie sagen mir, dass Wahrheit da ist. Und was machen wir jetzt mit der Wahrheit?

"Wie geht es dir jetzt?", frage ich Andrea. Nur die Wahrheit kann uns heilen.

"Ich friere immer noch. Aber da ist Ruhe. Eine Erwartungslosigkeit. Ein leerer Raum. Als ob das Wesentliche ausgesprochen ist, erkannt und ausgesprochen. Es fließt jetzt in Wellen in mich hinein mit einem Zittern, aber es ist keine Angst, die aus ihrem Versteck hervor will, es ist eine befreite Angst, die da sein darf. Ich erlaube ihr, in ganzem Umfang da zu sein. Das ist ein gutes Gefühl. Ich begegne ihr wie einer Freundin, die mit mir tanzt. Jetzt muss ich lachen. Ja, sie ist wirklich wie eine Freundin, meine Angst allein zu sein, zurückgewiesen zu werden. Sie lebt auf, weil sie das ist, was ich bin, und diesmal werde ich sie nicht betrügen, oder besser: Diesmal betrüge ich mich nicht selbst, indem ich für andere da bin, die mich nicht brauchen und wollen. Ich bin jetzt für mich da, für meine Angst und für all die anderen Gefühle, die meine Freunde sind. Ich will sie FÜHLEN! Es macht mich so lebendig. Das ist es vielleicht, was andere meinen, wenn sie mich als "dominant" oder als "zu viel" bezeichnen. Es ist meine Lebendigkeit! *Ich* bin mir nicht zu viel. Ich liebe meine Gefühle!!!!! Ich liebe die Lebendigkeit, die sie mit sich bringen."

Ich schaue aus dem Fenster und sehe den Schnee wild tanzen, ein Wind ist aufgekommen, der die Flocken senkrecht treibt.

"**Diese Leblosigkeit, von der ich umgeben bin**", ruft Andrea ins Telefon. "**Damit ist Schluss. Ich werde das Leben suchen.** Ich muss nicht immer das Feuer in anderen entfachen. Ich folge meinem eigenen Feuer, dorthin zu gehen, wo es Nahrung findet, damit es ein großes lebendiges Feuer werden kann."

Wir reden noch ein wenig über das Feuer. Der Prozess ist beendet, wir manifestieren ihn noch ein wenig, reflektieren ihn, genießen die Kraft, von der ich auch angesteckt bin. Ich kann Andrea am anderen Ende der Leitung leuchten sehen. So wie ich sie kenne, eine strahlende

Frau voller sprudelnder Inspiration. Wir haben sie gefunden, die Wahrheit, das Leben, uns selbst.

Tag 2 – Der Schmerz ist ein großer Lehrer

Heute Morgen wache ich auf mit einem stechenden Schmerz im Solarplexus. Es gibt keinen Morgen mehr, an dem ich nicht aufwache und von Schmerz und Angst erfüllt bin. Am Tag kann ich meinen Schmerz durch Willenskraft und Zerstreuung im Schach halten, aber nachts, wenn ich keine Kontrolle habe, verschafft er sich Raum. Ich könnte mich in den Tag stürzen, mich ablenken, aber ich will dem Schmerz begegnen, weil ich weiß, dass er nicht von alleine weggehen wird. Er ist da, damit sich etwas ändert. Ich setze mich diesem Schmerz ganz aus. Ich erlaube mir nicht, auszuweichen. Das ist keine leichte Übung. Es ist die wesentliche Fähigkeit, die ich brauche, um … ja, um was eigentlich? Jetzt fängt es wieder an, meine Ohren schmerzen. Ich weiß, ich muss mich stellen, dem Schmerz. Aber hier ist er: der Schmerz, eine brennende Scheibe in meinem Bauch.

Ich halte mein Bewusstsein, so gut es geht. Hin und wieder entwischt es, ohne dass ich es merke. Heute Morgen jedoch gelingt es mir gut. Ich FÜHLE den Schmerz. Er ist brutal. Er ist hartnäckig. Ich weiß, dass es immer Wandel gibt, aber hier gibt es keinen Wandel, außer dass die Zeit vergeht und der Schmerz brutal bleibt, vollkommen unverändert. Eine Bestie, eine Bastion.

Eine Bastion, das bin ich

Ja, ich bin eine starke Frau, ich kann viel stemmen. Mehr noch als stemmen kann ich einstecken. Mein jahrelanges Bewusstseinstraining hat mich resistent gemacht. Angriffe leite ich durch mich hindurch. Ich bleibe die Ruhe selbst. Aber hier ist ein anderes Bild. Mir wird bewusst, dass ich vielleicht gar nicht so viel durch mich hindurchgeleitet habe, wie ich geglaubt habe. Stattdessen habe ich einen Schutzwall errichtet und diesen Schutzwall fühle ich jetzt als betonharten Schmerz. Das Bedürfnis auszuweichen ist riesig. Vor allem das Bedürfnis, mich in Gedanken zu flüchten, Interpretationen zu suchen und Erklärungen.

Aber: ES ÄNDERT NICHTS, GAR NICHTS. Ich will nichts als den reinen Schmerz. Er ist DA. Er tut weh. Nichts ändert sich. Ich bin verzweifelt. Ich bin ohnmächtig. Wenn sich etwas ändert, dann nur, dass die Zeit vergeht. Kann ich es wagen, den Schmerz einzuladen, sich noch ein wenig mehr zu zeigen? Mein ganzer Körper krümmt sich. Es ist, als würde ich von innen heraus verbrannt.

Ich nehme wahr, dass ich nicht in meinem Schmerz untergehe, sondern dass ich, während ich ihn fühle, ein Bewusstsein darüber habe. Das ist eine neue Erfahrung: Ich fühle den Schmerz und bin mir zugleich bewusst darüber. "Alles, was von Bewusstsein berührt wird, wandelt sich", das ist das Zitat, das ich an den Anfang des Buches gestellt habe. Aber hier ist kein Wandel. Hier ist Bewusstsein und vollkommene Wandlungsresistenz. Ein knallharter Widerstand. WIDERSTAND: Ich sehe ihn mit Graffiti an eine Betonwand gesprüht. Er ist namenlos. Er hat kein Gegenüber, nichts wogegen Widerstand geleistet wird. Das ist alles, was ich will:

Ich will, dass er keinen Namen bekommt, mein Schmerz.

Ein Name, ein Label, das würde ihn nur fortsetzen. Er würde ins Unbewusste verschwinden und bei nächster Gelegenheit wieder auftauchen. Er würde sich verwandeln in eine Krankheit. Damit hat er ja schon angefangen. Das ist keine Lösung. Ich möchte an dieser Stelle Esther Kochte danken, denn sie hat mir nahe gebracht, dass eine Wandlung nur möglich ist, wenn wir alle Bezeichnungen und Konzepte verlassen. Das ist eine profunde Erkenntnis und ein bedeutender Schritt auf dem Weg meiner Heilung. Sie hat es selbst gelernt, dadurch, dass sie durch viel Schmerz gegangen ist. Sie ist eine verwundete Heilerin, jener Archetyp, der seine Wunde zu seinem Lehrer macht.

Mein Leben hat bislang nicht viel Schmerz bereitgehalten. Ich war eine Lehrerin des Lichts und der Freude, eine Lehrerin der Kraft. Jetzt hat mich etwas umgeworfen wie einen alten sehr kräftigen Baum, der einem Sturm begegnet ist, dem er nicht standhalten kann. Ich bin froh einer so bewussten und klaren Lehrerin des Schmerzes begegnet zu sein wie Esther Kochte. Ich bin dankbar jetzt von meinem Schmerz lernen zu können. Es ist neu für mich. Auch wenn ich bislang eine Lehrerin der Transformation gewesen bin, habe ich doch nie diese Tiefe erfahren, die aus reinem Schmerz geboren wird. Bisher war ich Teil des Lebens, jetzt bin ich außerhalb. Ich bin außerhalb des Lebenswillens. Ich muss nicht mehr leben und will nicht mehr leben. Das ist meine Freiheit, die Freiheit, die der Schmerz mir schenkt.

Mir wird bewusst, wie hart ich geworden bin.

Meine Stärke bisher war, dass ich den Widrigkeiten des Lebens mit Kraft begegnen konnte, dass ich den Ball zurückspielen konnte. Aber das geht jetzt nicht mehr. Nein, ich fühle keine Angst, ich fühle keinen Ärger. Ich fühle gar nichts. Außer meiner eigenen Härte. Außer meinem Widerstand. In meinen Seminaren lehre ich, dass die Verletzbarkeit das Tor zum Wachstum und zur Wandlung ist. Ich habe das selbst unzählige Male erfahren, und fühle die Verletzbarkeit auch jetzt. Der Schmerz ist brutal, hartnäckig, unerbittlich – und genau das ist seine Botschaft. Da ist meine Verletzbarkeit. In der Unerbittlichkeit des Widerstands. Ich fühle ihn. Nichts verändert sich. Keine Wandlung. Der Widerstand ist stärker als die Wandlung. Ich verstehe jetzt, was vielleicht passiert ist mit mir und meiner großen Liebe, dem Menschen, mit dem ich jetzt nicht mehr mein Leben teilen kann. Ich konnte mich nicht mehr wandeln. Ich bin hart geworden. Jetzt fühle ich es. Ich frage mich, wie hart ich auch anderen Menschen und Tieren gegenüber geworden bin. Es muss so sein, denn ich fühle sie jetzt meine Härte. Nicht die Härte, die mir hilft, im Leben zu bestehen, sondern die Härte, die mich vom Leben abschneidet.

Jetzt, zum ersten Mal, habe ich ein Gefühl.

Jetzt zum ersten Mal gibt es eine Bewegung: Der Schmerz beginnt sich auszudehnen, ich fühle ihn in meinem Kopf, in meinen Ohren, in meinen Armen, meinen Händen. Meine Arme werden auf einmal ganz schwach, ich fürchte, ich kann nicht mehr weiterschreiben. Mir wird übel – das ist sogar eine Erleichterung. Es ist Bewegung da. Ich möchte mich hinlegen und mich zusammenkrümmen. Ein anderer Teil von mir will weiterschreiben. Das Schreiben ist eine Bewegung. Alles ist besser als die Starre. Jetzt ist auch der Wunsch zu sterben wieder da.
  Er ist da. Er ist mein Lehrer. Ein wenig bin ich ihm sogar dankbar. Nein, ich werde nicht überschwänglich. Das macht mich krank. Es macht mich krank, in Überschwänglichkeiten auszuweichen. Ich denke darüber nach, dass ich glaube, zu hart geworden zu sein. Auch das ist ein Urteil und vielleicht eine Illusion, kein Weg zur Heilung.

Ich will die Wahrheit. Nur die Wahrheit.

Gut, er ist wieder da, der Schmerz, unerträglich. Ich bin wieder in der vollkommenen Verzweiflung angekommen. Das darf ich schreiben, die vollkommene Verzweiflung, ohne dass es sich falsch anfühlt.

Mir ist sterbensübel und das ist gut so.

Ich erlebe den Widerstand. Ich lebe den Widerstand. Und es ist befreiend, obwohl ich nichts davon fühle, obwohl sich nichts bewegt. Es ist befreiend, es einfach zu fühlen, den Schmerz, die Übelkeit, das Nicht-Fühlen, die Wahrheit.

Ich habe keine Angst mehr. Das ist befreiend.

Ich muss nicht länger um mein Leben fürchten, denn mein Leben ist ohnehin zu Ende. Ich bin nicht mehr im Leben, jedenfalls nicht in DIESEM Leben – oder in dem Leben, das ich bisher gekannt habe und für DAS Leben gehalten habe. Es ist vorbei. Ich spiele keine Spiele mehr. Vielleicht gehe ich unter, vielleicht überlebe ich. Es spielt keine Rolle. Es ist beides gleich gut, es IST.

Mein Widerstand ist mein Widerstand. Mein Schmerz pulsiert. Neben mir sitzt meine Katze, Mia. Jetzt kann ich sie sehen, ihre Essenz. Sie ist meine Heilerin. Sie sitzt hier und ist ganz DA. Sie ist ganz bei mir und ganz bei sich. Und ganz bei uns. Ihr Blick ist überwach, ihre Ohren spielen in feinsten Bewegungen, als würde sie jede noch so kleine Bewegung in meinem Innern wahrnehmen. Das ist Heilung. Mir wird bewusst, wie großartig sie ist. Sie ist hier für mich. Jetzt. Sie ist mit mir gekommen, in ein Zimmer, nur 15 qm groß, in dem sie wenig Bewegung hat. Ich mache mir manchmal Sorgen, dass ihr etwas fehlt. Aber das ist auch ein Konzept. Die Wahrheit ist, dass sie hier ist für mich. Sie wäre auch für jeden anderen da, der Heilung bräuchte. Die Natur richtet sich danach, wo die größte Heilung stattfinden muss.

Die Natur heilt ohne jede Anstrengung, es ist das Wesen der Natur zu heilen. Das erlebe ich mit meiner Katze, Mia.

Es berührt mich tief. Der Schmerz bleibt, Mia bleibt. Und das ist das Beste. Auch wenn das nichts mit Euphorie zu tun hat. Stattdessen erlebe ich Wahrheit.

Mir ist kalt. Ich bin bei meiner Verletzbarkeit angelangt. Der Schmerz beginnt, sich aufzulösen. Ich fühle jetzt meine Schwäche. Sie macht mich weich. Auch das ist gut so. Etwas wird geboren. Der Schmerz ist ein Geburtsschmerz. Ich kann jetzt kaum noch schreiben, meine Finger haben ihre Koordination verloren. Ich habe auch keine Worte mehr. Es ist alles weg. Mein Kopf schmerzt, ein Stechen, ich kann mich nicht mehr aufrecht halten. Mir ist übel. Die Schwäche breitet sich über meinen ganzen Körper aus.

Der harte Schmerz hat sich aufgelöst, stattdessen überflutet mich die Schwäche. Ich versuche, das Bewusstsein zu halten. Es ist schwer. Es war viel leichter, es zu halten, als der Schmerz hart war. Die Überflutung mit Angst ist ein Versuch, das Bewusstsein selbst auszulöschen. Ich schaue aus dem Fenster über die Dächer von Stuttgart. Dort habe ich einen Bezugspunkt, ein Hügel in der Ferne, in dessen Mitte ein Baum steht. Daran kann ich mich festhalten, während die Schwäche mich auflöst, die Angst mich zerfallen lässt. Ich will nicht noch eine Runde Angst durchleben, aber ich muss. Die andere Wahl, die ich habe, ist die zu sterben, an einer Krankheit, die "dem Leben ausweichen" heißt. Steckenzubleiben in all dem, was mich von der Natur entfremdet hat. Ein Tier würde nie die Option wählen zu sterben. Ein Tier sucht immer den Weg ins Leben. Das ist meine Krankheit, dass ich den Tod suche. Das ist meine Art, Macht und Kontrolle auszuüben über das Leben, eine Macht und Kontrolle, die ich nicht habe und nie haben werde.

Ich möchte mich dem Leben anvertrauen und nicht dem Tod.

Das wird mir jetzt bewusst. Das ist die Wahrheit, dass ich dem Tod gedient habe! Wie traurig mich das macht. Wie das weh tut. Nein, ich löse mich nicht mehr auf. Mein Körper zieht sich jetzt zusammen, mein Nacken wird zu einem Stahlband. Urteile fluten mein Bewusstsein. Urteile über Menschen, die ich kenne, Urteile über mich selbst.

Alles Dienst am Tod.

Hier ist die Mauer, die Sackgasse. Ich werde mir einen Kaffee kochen. Punkt.

Im WG-Kühlschrank noch ein Rest eines Kuchens, den meine Mutter gebacken hat. Mein Lieblingskuchen, ein Bienenstich mit Mandelblättern. Ich sitze hier und weine, weil es mich so sehr berührt, weil in diesem Stück Kuchen alles steckt, was ich brauche. Meine Mutter hat ihn zu meinem Geburtstag gebacken. Ich habe das Wichtigste in meinem Leben verloren, den Menschen mit dem ich mein Leben geteilt habe und mir wird bewusst, dass alles, was ich zum Leben brauche, ein Stück Bienenstich ist, das von meiner Mutter gebacken wurde. Die Schleusen sind geöffnet.

Alles ist gut, dieses Gefühl durchströmt mich jetzt. Es hat noch nie mehr gebraucht als das. Alles andere ist Festhalten an Illusionen, Dienst am Tod, Bedürftigkeit, Abhängigkeit, Kontrolle. Jetzt flutet mich eine Euphorie, die echt ist. Ich atme groß auf. Alles ist gut. Der Schmerz hat sich aufgelöst. Die Angst hat sich aufgelöst. Mia kommt zu mir und sieht mich mit einem tiefen Blick an. Wie sie mir in die Seele schauen kann – und alles sieht.

Ich bin frei.

Jetzt in diesem Augenblick bin ich frei – von allem Schmerz, von allem Widerstand. Mein Bewusstsein ist jetzt so klar, dass ich Bilder von sich spiegelnden Bergseen vor meinem inneren Auge sehe. Alles ist gut und richtig, genau so wie es ist und kam. Das Leben zeigt sich in seiner klarsten Form in den Ereignissen, die zu meinem Schmerz geführt haben. Nichts ist beliebig. Alles ist präzise, ein Uhrwerk von Ursache und Wirkung. Und doch ist in allem ein Element der Freiheit. Ich will nicht behaupten, dass alles einen Sinn hat und darauf angelegt war, sich dorthin zu entfalten. Das wäre anmaßend. Das wäre eine neue Art und Weise das Leben zu kontrollieren. Nein, so geschehen die Dinge nicht.

"Das Leben ist ein einziges nerviges Chaos und das ist das Schöne daran." Diese Dialogzeile habe ich aus einem Filmtrailer notiert. Wir können das Leben nicht kontrollieren, aber wir können es leben. Voll und ganz und erkennen, wie es sich selbst hervorbringt.

Wie unaufhaltsam die Lebenskraft doch ist, wie unaufhörlich sie sich selbst gebärt. Wie sie wandelt. Schmerz in Freiheit. Auch wenn das ganz unmöglich erscheint. Wir können erkennen, wie Bewusstsein alles wandelt. Wie Tiere und Menschen nichts anderes brauchen und suchen als Bewusstsein und den Wandel, den es mit sich bringt. Das ist das größte Wunder. Das ist mein Dienst am Leben.

Ich spüre sie jetzt die Lebenskraft, die alles speist.

Ich spüre ihn jetzt, den Mut, die Wahrheit aufzuschreiben. Ich spüre jetzt die Kraft, alle Entscheidungen, die ich getroffen habe, als richtig zu erkennen. Wenn ich auf mein Leben zurückblicke – ich bin seit kurzem 54 Jahre alt – erkenne ich, dass es ein Weg in die Wahrheit und in die Freiheit war. Ich habe mich von allen Abhängigkeiten befreit, nicht weil ich eitel bin oder machtgierig oder erfolgsgeil. Nein, weil ich dem Leben dienen will – und nicht dem Tod.

Jetzt weine ich, ich weine, weil es die Wahrheit ist.

Tag 3 - Ziele

Es ist ein gigantisches Haus aufzuräumen, das weiß ich. Gestern Abend habe ich meine Tagebücher der letzten Wochen durchgelesen. Ich habe dabei drei interessante Entdeckungen gemacht. Die Wichtigste ist wohl, dass sich schon sehr viel verändert hat. Die Frau, die ich vor drei Wochen noch war, bin ich längst nicht mehr. Und das liegt nicht allein daran, dass sich die äußeren Ereignisse verändert haben. Es liegt auch daran, dass ich ausgezogen bin und den Kontakt zu dem anderen Menschen abgebrochen habe. Aber zu gleich großen Teilen liegt es daran, dass ich den Scheinwerfer meines Bewusstseins auf die Gegenwart gerichtet habe.

Was in unserer Kultur weitgehend unbekannt ist, ist die Wirksamkeit innerer Vorgänge auf das äußere Geschehen. Allmählich sickert es in das kollektive Bewusstsein ein durch Bücher wie "Bestellungen beim Universum" von Bärbel Mohr oder "The Secret" von Rhonda Byrne, Bücher, die bei uns vom Mainstream als "esoterisch" abgestempelt werden. Während in der Bibel, dem Grundlagenwerk der offiziell anerkannten christlichen Kirche, dieselben Inhalte enthalten sind, aber nicht vermittelt werden.

Es ist ein merkwürdiges Phänomen, dass die Sprengkraft der Botschaften von "The Secret" oder "Bestellungen beim Universum", nämlich, dass unsere Überzeugungen unsere Realität erschaffen, in der christlichen Kirche unter den Tisch fallen. Auch dort heißt es, dass der Glaube Berge versetzen kann, auch dort heißt es, im Lukas Evangelium,

"Bittet, so wird euch gegeben; suchet, so werdet ihr finden; klopfet an, so wird euch aufgetan ..."

Aber die Konsequenzen werden in der Sonntagspredigt nicht vermittelt. Dort liegt der Schwerpunkt darauf, uns unsere Sünden bewusst zu machen, auf eine Art und Weise, die unser Trauma verstärkt und uns vom selbstbestimmten Denken abhält.

Was tatsächlich in der Bibel steht, übertrifft in seiner Klarheit und Radikalität bei weitem das Angebot der esoterischen Literatur.

Jeder, der seine Kinder taufen und seine Ehe von einem Pfarrer segnen lässt, hat sich energetisch in eines der radikalsten esoterischen Konzepte eingeloggt. Sich gleichzeitig beim Stammtisch weit zu distanzieren von esoterischer Spinnerei ist eine der geistigen Fesseln, die wir uns freiwillig anlegen, ohne zu wissen, dass dieser Widerspruch uns die Lebenskraft raubt.

Was wir glauben bestimmt unsere Realität. Das ist die Kernaussage der Bibel. Das kann ich in meinen Tagebüchern beobachten. Deshalb schreibe ich dieses Buch, um mir darüber bewusst zu werden, was ich glaube und wie es meine Realität und mein körperliches Wohlbefinden beeinflusst. Ich schreibe es für mich und ich schreibe es für andere. Ich schreibe es, um darzustellen, wie diese Vorgänge aussehen, um zu zeigen, dass es so IST. Der Sinn meines Buches liegt für mich darin, Bewusstsein zu schaffen. Damit du, lieber Leser, erkennen kannst, was für dich wahr ist und was ist. Damit du, lieber Leser, deine Kraft finden kannst, denn Kraft kommt einzig und allein aus der Wahrheit.

Ein Trauma kann ich nur heilen durch Bewusstsein.

Ich stehe mit dem Rücken zur Wand. Ich habe Selbstmordgedanken, ich verliere mein Gehör. Ich bin gezwungen zu handeln. Jetzt. Ich habe meinen bewussten Willen verloren. Mein bewusster Wille will, dass dies alles endet. Aber er weiß nicht wie. Alles, was ich weiß und kenne, alles, was mir bislang geholfen hat, in den Stürmen des Lebens zu bestehen, ist wirkungslos. Ein Trauma wie dieses kenne ich nicht. Ich kann nur ausprobieren und ich kann auf meine innere Heilkraft hören, auf meine Überlebenskraft, die sich einen Weg sucht. Ich bin so sehr in Bedrängnis, dass ich mich auf keine falschen Wege mehr einlassen kann. Die Situation hat mich so hellsichtig gemacht, dass ich sehr schnell erkenne, was gut für mich ist und was nicht.

Ich habe erfahren, dass Heilung kommt, indem ich mich dem stelle, was ist. Ich erfahre auch, dass ich eine starke Neigung habe, genau das zu vermeiden. Eine Neigung, die ich mit den meisten meiner Zeitgenossen teile. Als ich meine Tagebücher gestern Abend mit etwas Abstand las, sprang es mir ins Gesicht, dass das Aufschreiben und das Suchen nach Wahrheit eine Bewegung gebracht hat, die zu Heilung führt. Es bringt Veränderung – und das ist das Einzige, was mir jetzt hilft. Denn die Situation, in der ich war, hat mich krank gemacht. Etwas muss sich ändern. ICH muss mich ändern. Aber wie kann ich das erreichen? Ich kann meine äußere Situation ändern, aber ich muss genauso meine INNERE Situation ändern, mein Bewusstsein.

Mein Bewusstsein ändert sich, indem ich mir darüber bewusst werde.

Dies ist wohl das größte Geschenk, das ich auf meiner Heilreise machen darf: Dass ich die Kraft des Bewusstseins kennenlernen darf. Ich darf erkennen, dass Bewusstsein Wandlung bringt. Mehr noch: Ich darf erkennen, dass nur Bewusstsein Wandlung bringt. Dass es nur eine einzige Möglichkeit gibt zu heilen, nämlich durch Bewusstsein.

Bewusstsein ist Heilkraft. Eine andere Art der Heilung gibt es nicht.

Da ich mit Tieren arbeite, weiß ich das schon lange, aber ich habe es noch nie in dieser Radikalität erfahren. Dafür bin ich sehr-sehr dankbar, auch wenn ich das erst in kleinen Schritten verstehen lerne. Ich erfahre es in dem, was ich aufgeschrieben habe, in meinen Tagebüchern. Ich erfahre dort ganz direkt, dass manche Sätze, von denen ich voll und ganz überzeugt war, nicht mehr gültig sind für mich. Ich erfahre auch, dass manche Worte, die ich unsicher und mit Zweifeln notiert habe, im Nachhinein eine Ahnung waren, die sich als vollkommen richtig bestätigt hat. Ich kann an meinen Aufzeichnungen beobachten, wie sich das Bewusstsein Schritt für Schritt einen Weg zur Wahrheit sucht. Wie echte nachhaltige Veränderung geschieht.

Wäre die Wandlung auch geschehen, wenn ich nichts aufgeschrieben hätte? Sie wäre auch geschehen, wenn ich etwas anderes getan hätte, das Bewusstsein geschaffen hätte. Es liegt nicht am Vorgang des Schreibens. Der Vorgang des Schreibens ist nur ein hilfreiches Mittel, um Bewusstsein hervorzubringen. Die Sprache ist ein Spiegel der Wahrheit. Es gibt andere Mittel und jeder hat seines.

Die Überschrift meines Kapitels lautet "Ziele". Es kann nur ein Ziel geben für mich und das ist Bewusstsein zu erlangen über mich, über meine Situation, über alles, was um mich herum geschieht.

Mit dem Bewusstsein kommt die Wandlung, denn Wandlung ist das Wesen des Bewusstseins.

Meine Aufgabe besteht darin, mir über mich selbst bewusst zu werden. Dazu gehört, dass ich akzeptiere, was ist. Es ist die erste Vorrausetzung.

Die zweite Entdeckung, die ich beim Durchlesen meiner Tagebücher gemacht habe, ist, dass ich die Ereignisse vorausgeahnt habe. Oder besser, dass ich ein Bewusstsein der Situation hatte, es aber verdrängt habe. Zwei Träume haben mir dies gezeigt. Im einen Traum sagt mein Partner zu mir. "Ich gehe nach Indonesien". Ich habe in diesem Traum schon verstanden, dass er sich entfernt, weit entfernt. Er ging allein, es war ganz klar, dass ich nicht mitkomme. In meinem Alltagsbewusstsein ist das nicht angekommen. Erst wenn ich die Träume in Bezug zu den tatsächlichen Ereignissen setze, kann ich erkennen, wie sich eine unbewusst schon vorhandene Situation in einer realen Situation manifestiert hat. In dem anderen Traum konnte ich die Chakren oder Energiezentren meines Partners sehen, jedoch nur die oberen Chakren, die für Geist, Vision, Kommunikation stehen. Ich konnte sie sehen wie Schubladen, die sich nach und nach öffnen. Als die Reihe an das Herzchakra kam, wachte ich auf. Diese Information konnte mein Bewusstsein nicht zulassen. So sprechen die Träume. Es geht mir nicht darum, mir Vorwürfe zu machen, dass ich es hätte ahnen können oder dass ich es früher hätte merken können. Es geht mir nur darum zu verstehen, wie Bewusstsein beschaffen ist und dies ist ein gutes Beispiel. Es lässt mich erkennen, dass ich auf meine Wahrnehmungen vertrauen kann, auch auf die in meinen Träumen. Es lässt mich erkennen, dass **Bewusstsein** da ist, schon bevor es mir **bewusst** wird. Und es weckt in mir die Überzeugung, dass ich durch ein klareres Bewusstsein der Wirklichkeit näherkommen kann. Das ist für mich ein lohnenswertes Ziel. Warum? Weil es Nähe zum Leben bedeutet.

Wenn mich etwas ins Leben zurückholt, dann ist es Nähe zum Lebendigen. Der Schmerz ist allein der Schmerz des Abgeschnittenseins. So wie meine Ohren es mir zeigen. Meine Beziehung zur Wirklichkeit ist abgetrennt und daraus entsteht das Gefühl, nicht mehr dazuzugehören. Ich laufe durch die Welt, eingeschlossen in einen Kokon, einen Hochsicherheitstrakt, in den nichts hineinkommt und nichts hinausgeht. Ich suche einen Weg zurück zur Verbindung und den kann ich nur finden, wenn ich alle Falschheit in meinem Leben bewusst mache und das Licht des Bewusstseins in die dunkelsten Winkel fallen lasse. Ich habe den größten Teil meines Lebens mit einem Menschen verbracht, mit dem ich sehr verbunden war. Er war meine Hauptverbindung zur Welt, aber diese Verbindung ist getrennt. Das war es, was der Traum mir gezeigt hat. Mit der Trennung dieser Verbindung ist auch meine Verbindung zur Welt abgeschnitten worden.

Es gibt keine Schuldigen

Die dritte Erkenntnis, die ich beim Lesen meiner Aufzeichnungen gemacht habe, ist: Wie wichtig das Chaos meiner Gefühle ist! Bevor ich darüber schreibe, ... weil dies ein Buch ist, das für die Öffentlichkeit bestimmt ist, muss ich hier ein klares Statement abgeben. Als Autorin bin ich mir bewusst darüber, dass ich über sehr persönliche Erfahrungen schreibe. Dadurch berühre ich das Recht anderer auf ihre Privatsphäre. Alles, was ich hier beschreibe, ist meine subjektive Erfahrung der Situation – nur darin kann Heilkraft liegen. Es liegt keine Kraft darin, andere zu beschuldigen, ihnen Vorwürfe zu machen oder Aussagen zu machen über ihre Befindlichkeit, in die ich keinen Einblick habe. Jeder Mensch ist sein eigener Kosmos und es steht niemandem zu, eine Aussage darüber zu machen, was ein anderer denkt oder fühlt oder beabsichtigt. Auch in einer Beziehung, die von tiefer Liebe getragen ist, können wir nicht wirklich wissen, was der andere fühlt. Wissen wir doch selbst oft nicht, was wir fühlen. Auch wenn eine Trennung als schmerzhaft erlebt wird, kann es in der Liebe nie um Schuld gehen. Die Liebe ist ein Geschenk, kein Rechtsgegenstand und kein Eigentum.

Die Liebe ist ihrem Wesen nach frei und verbindet sich, wo sie sich verbindet. Darauf haben wir viel weniger Einfluss als wir gern glauben möchten. So ist es auch mit dem Seelenweg des Menschen. Die Seele verbindet sich mit dem, was ihre tiefste Sehnsucht ist. Wir kennen den Weg nicht. Wir können ihn nur gehen. Niemand kann uns sagen, was für uns richtig ist und was nicht.

Dem gerecht zu werden ist ein hoher Anspruch. Unsere Gefühle in einer Situation, die uns unvorbereitet trifft, spielen verrückt. Unsere Gefühle sind unsere Helfer.

Da ich nicht über meine persönliche Situation schreiben kann und möchte, werde ich eine Erfahrung mit einer Klientin schildern als Beispiel für die Kraft des Bewusstseins, wenn wir es auf die Gefühle richten. Der Name und die persönlichen Umstände der Person wurden so weit verändert, dass ihr Persönlichkeitsrecht gewahrt bleibt, der Kern ihres Prozesses aber deutlich wird.

Sylvias Partner sagt, sie verdiene zu wenig Geld.

Sylvia nahm Kontakt mit mir auf wegen eines Coachings. Es ging um ihre Beziehung zu ihrem Lebensgefährten, mit dem sie eine Wohnung teilte.

"Er verdient doppelt so viel wie ich und das ist dauernder Anlass für Streit, zum Beispiel wenn wir einen Urlaub planen. Ich bin selbständig und mein Einkommen ist schwankend. Ich arbeite mehr als je, aber es wird nie reichen. Ich bin oft müde, habe Erkältungen und immer ist da der Druck. Mein Selbstwert ist im Keller und wenn er mir dann noch vorhält, dass ich zu wenig verdiene, um unseren Lebensstandard zu halten, verliere ich jeden Mut. Ich werde dann ganz still und sage zu allem Ja und Amen. Ich denke dann, es ist ja hauptsächlich sein Geld, dann tun wir auch, was er möchte. Das wiederum will Peter nicht. Es ist ein unlösbares Problem."

"Bitte schließe die Augen und komme ganz zu dir. Was ist dein stärkstes Gefühl in dieser Situation?"

"Ich bin unendlich müde."

"Ohnmächtig", stelle ich fest.

"Genau. Ich kann nichts ändern."

"Stimmt das?"

"Ich könnte mich von Peter trennen, aber diese Aussicht ist noch deprimierender, denn ich liebe ihn."

"Stimmt es, dass du nichts ändern kannst?"

"Man kann immer etwas ändern."

"Du."

"Ich? Ich habe schon alles versucht."

"Stimmt das?"

"Das nervt mich jetzt. Ich komme mir ein wenig veralbert vor. Stimmt das? Ja! Ich habe alles versucht."

"Welches Gefühl ist jetzt da?"

"Ich ärgere mich!"

"Gut!"

"Entschuldigung", murmelt sie reflexhaft.

"Warum Entschuldigung?"

"Nimmst du sie nicht an?"

"Deine Entschuldigung dafür, dass du dich über mich ärgerst?"

"Ja, es war unhöflich."

Ich wollte keinen unendlichen Disput über die Frage, was höflich und was unhöflich ist mit Sylvia führen. Ich wollte mit ihr zum Wesentlichen vordringen, zum Gefühl.

"Ärgerst du dich auch manchmal über Peter?"

Sie zögert. "Er ist sehr liebenswert. Es wäre anmaßend von mir, mich über ihn zu ärgern. Großzügig ist er auch."

"Du hast gesagt, ihr streitet. Fühlst du da auch Ärger?"

"Nein. Der Streit geht meist von ihm aus. Ich bin kein Typ, mit dem man sich leicht streiten kann."

"Das heißt, er greift an und du verteidigst dich?"

"Ich weiß nicht, ob man das verteidigen nennen kann. Ich sage, was ich denke, aber in einem ruhigen Ton. Das scheint ihn zu irritieren."

"Du sagst, was du denkst, aber nicht, was du fühlst."

Sie überlegt eine Weile.

"Was ich fühle, sage ich eher nicht. Ich will nicht, dass es eskaliert."

"Was fühlst du, wenn ihr streitet?"

"Ich hasse es, wenn wir streiten. Ich will nicht streiten."

Sie atmet tief aus. Sie wirkt sehr erschöpft bei dem Gedanken an das Streiten.

"Kannst du mir deinen Hass auf das Streiten beschreiben?"

"Meinen Hass? Das habe ich nur so dahingesagt."

"Hass ist ein starkes Wort."

Ich merke, wie ich ein wenig unruhig werde. Sylvia weicht ihren Gefühlen geschickt aus.

"Ich hasse es nicht, wenn wir streiten. Im Gegenteil, ich habe dann manchmal das Gefühl, dass er mich jetzt besonders mag. Wie man auch sagt: Was sich liebt, das neckt sich."

"Das ist Bullshit", sage ich laut und deutlich. Sylvia erschrickt.

"Wirklich?", fragt sie zaghaft.

Jetzt fühle ich mich auf den Arm genommen. "Richte bitte deine Aufmerksamkeit auf deinen Körper und sage mir, was du wahrnimmst."

"Mein Nacken ist stark verspannt. Und ich habe das Gefühl, ich kann nicht mehr lange auf diesem Stuhl sitzen."

"Richte deine ganze Aufmerksamkeit auf deinen Nacken und fühl sehr genau hin, welches Gefühl sich dort zeigt."

"Ich habe ein Gefühl von Stahlbändern." Sylvia sieht mich mit großen Augen an. "Oh, mein Gott, die Bänder sind aus Stahl, aber sie REISSEN." Sylvia scheint in sich zusammenzufallen.

"Welches Gefühl hast du jetzt?", frage ich mit sanfter Stimme.

"ANGST." Sie seufzt tief. "Wie kann ein so starkes Band reißen?"

Sie lässt sich in dem Stuhl zurückfallen, ihr Ausdruck wird milde und weich.

"Was passiert jetzt?"

"Ich habe aufgegeben. Die Angst strömt durch meinen Körper, ich kann sie nicht zurückhalten ..."

"Kannst du mir einfach beschreiben, was passiert. Eins nach dem anderen?"

"Mein Körper fühlt sich sehr hart an. Er bäumt sich auf gegen die Angst, die ihn überflutet. Ich möchte davonlaufen, ich möchte, dass das alles aufhört. Aber ich kann nicht. Eine Welle der Angst klatscht an den harten Fels meines Körpers und es entsteht ein großer Schmerz. Alles fängt an zu schmerzen. Ich habe das Gefühl, dass ich gleich zusammenbreche, dass ich das Bewusstsein verliere ... Ich bemühe mich, bei mir zu bleiben ... es ist sehr schwer ... mein Atem ist beklemmt, ich habe Angst, dass ich keine Luft mehr bekomme ... Ich muss das hier abbrechen, ich werde sonst wahnsinnig." Sylvia beugt sich vornüber, ihr Körper zieht sich zusammen ... "Es ist, als ob eine Schale aufbricht ... wie eine Geburt ... UAAAAHHH." Sylvia trommelt mit ihren Fäusten auf ihre Knie. "Ich bin so dumm ..., ich bin so dumm, ich bin so dumm ... ich verstelle mich die ganze Zeit, ich zeige Peter nie meine wahren Gefühle, ich tue immer so als ob nichts wäre, aber da ist ganz viel ... ich bin verzweifelt ... ich ... bin wütend ... ich hasse ihn manchmal, ich könnte ihn ..., er ist so selbstgerecht, so arrogant, so gefühllos, er verletzt mich und verletzt mich und merkt es gar nicht ... und ich lasse es zu ... ich halte die Klappe. Ich lächle, ich mache gute Miene zum bösen Spiel ... es ist alles falsch und gelogen ... ich kann nicht mehr. Es ist Schluss, Schluss, Schluss!!!!" Sie trommelt wieder mit den Fäusten auf ihre Knie. "Oh Gott, ich sehe jetzt erst, wie kaputt alles ist, wie verlogen ... ich bin eine anständige Frau, eine höfliche Frau, die Freundin, die Harmonie und Ruhe hereinbringt, wie er immer sagt. Aber das ist alles Lüge. ... Ich tue das, weil ich Angst habe. Weil ich Angst habe, dass er mich sonst verlässt, dass er mich sonst nicht liebt. Aber er liebt ja gar nicht mich. Er liebt ja eine Lüge ..."

Von einem Moment auf den anderen wird Sylvia ganz ruhig. Ihre Gesichtszüge entspannen sich. Ihr Atem wird ruhig. Sie spricht nicht weiter. Ich lasse ihr Zeit und nehme teil an ihrer Ruhe, eine profunde Ruhe, eine heilsame Ruhe.

Ich fühle der Schönheit von Sylvias Gefühlen nach. Und der Schönheit und Kraft meiner eigenen Gefühle. Dem Ärger, der Wut, dem Zorn, der Angst, der Ohnmacht und dem Wahrheitsgefühl, dem Gefühl, nicht länger mit einer Lüge leben zu wollen. Mit der eigenen Lüge und der Akzeptanz der Lügen anderer.

Dies ist wohl unsere stärkste Seelenkraft: Keine Lügen zu akzeptieren. Uns bedingungslos auf die Suche nach der Wahrheit zu machen.

Ich werde jetzt ganz ruhig, so ruhig wie Sylvia. Ich fühle die tiefe Befreiung, die geschieht, wenn wir unsere Gefühle akzeptieren, so wie sie sind. Besonders jene, die nicht in unser Selbstbild passen.

Sylvia verabschiedet sich mit den Worten: "Ich fühle einen tiefen Frieden und ich weiß, dass alles andere von da aus seinen Weg nehmen wird. Ich möchte jetzt nicht sprechen über die Probleme, mit denen ich kam. Ich bin zuversichtlich, dass sie jetzt gelöst werden können.

Nachdem Sylvia gegangen ist, sitze ich noch eine ganze Weile da.

Ich denke an meinen Besuch beim Ohrenarzt, den ich wegen meiner Hörbeeinträchtigung aufgesucht habe. Der mir sagte, dass es nicht klar sei, ob meine Taubheit mit meiner persönlichen Geschichte zusammenhinge. Ich spüre einen starken Ärger in mir aufsteigen. Nichts ist klarer für mich! Ich denke daran, dass dieser Arzt, der viele Jahre lang an einer deutschen Hochschule ausgebildet wurde, mir nicht einen einzigen Satz sagen konnte, der zu meiner Heilung beitrug. Er sagte nur, dass es unklar sei, wie diese Hörbeeinträchtigungen geheilt werden können, dass starke Medikamente keinen Heileffekt hätten. Damit hält er sich an die objektiven Tatsachen. Aber ist das Heilung? Ein winziger Augenblick des Verständnisses, der Einfühlung, das wäre mehr gewesen als jedes starke Medikament. Ein Arzt, der versteht, dass mit dem Hören die Brücke zur Außenwelt abgeschnitten ist. Ein Ohrenarzt, für den ein Ohr nicht nur ein Stück Fleisch ist, das nicht mehr funktioniert.

Authentizität heilt.

Vor vierzehn Tagen, als mein Schmerz ganz frisch war, holte mich meine Freundin Eva zu sich auf ihren Pferdehof. Damals hörte ich bereits sehr schlecht. Sie trainierte ihren jungen Wallach, Shaman, einen wunderschönen Palomino mit goldenem Fell und weißer Mähne. Sie wollte ihn an das Gelände gewöhnen, an Autos und Traktoren. Wir machten einen Ausflug. Ich ritt ihren Araberwallach Zaki, ein erfahrenes Geländepferd, und sie führte Shaman an der Hand. Durch die Nähe eines anderen Pferdes würde sich Shaman sicherer fühlen.

Zaki ist ein Pferd, das ausgesprochen sensibel auf Reiter mit verdrängten Gefühlen reagiert. Man könnte auch sagen auf Menschen, die sich selbst etwas vormachen. Diese Unstimmigkeit oder Inkongruenz ist für den Wallach so unerträglich, dass seine Nervosität eskaliert bis zu einem Punkt, wo es für den Reiter gefährlich wird. Ein Verhalten, das man bei vielen Pferden findet, weshalb beim Reiten das Bewusstsein des Reiters über sich selbst einen entscheidenden Faktor darstellt. Nun, ich war im vollen Bewusstsein meines Schmerzes und Zaki gab mir, deren Selbstwert zerschmettert war, das Gefühl, eine Königin zu sein. Allein bei dem Gedanken an die Ausritte mit Zaki öffnen sich meine Ohren, fühle ich den Kontakt zu meiner Außenwelt. Was auf diesen Ausritten passierte, hat mich ein für alle Mal gelehrt, dass es keine andere Heilkraft gibt als das Authentische.

Zaki wusste nichts von meiner Geschichte. Seit einiger Zeit hatte ich versucht mit verschiedenen, auch mentalen Mitteln, mein Gehör wiederzufinden, ohne Erfolg. Nach einer Stunde auf seinem Rücken merkte ich, dass ich mit meiner Freundin, die den jungen Shaman führte, Gespräche über weitere Entfernungen führen konnte. Und das, obwohl ich zuvor auch in naher Entfernung kaum etwas gehört hatte. Wie konnte das geschehen? Wie konnte von allen Heilmethoden, die ich probiert hatte, ausgerechnet ein Pferd die Heilung bringen?

Dafür gibt es nur einen Grund: Ein Pferd ist ein starker Träger von authentischer Energie. Oder in Menschensprache ausgedrückt: Von Wahrheit. "Pferde sind vierbeinige Authentizitätsmesser", schreibt Linda Kohanov, deren Arbeit mich vor vielen Jahren auf den Weg gebracht hat, den ich jetzt gehe. In meinen Workshops zur Persönlichkeitsentwicklung mit Pferden ist dies mein Grundkonzept und ich habe schon unzählige Male erlebt, wie hilfreich und heilsam die authentische Kraft von Pferden für Menschen sein kann. Ich hatte jedoch noch nie so direkt, und vor allem am eigenen Leib, erfahren, dass Pferde auch auf ein scheinbar rein körperliches Problem, so heilsamen Einfluss haben können. Zaki wurde zu meinem Heiler. Nicht nur einmal, sondern an jedem Tag, an dem wir ausritten. Seither hat sich mein Bild von Krankheit und Heilung grundlegend verändert und davon ausgehend meine Sicht auf viele andere Dinge.

Wenn Authentizität ein so mächtiges Heilmittel ist, dann muss man es zum Segen der Menschen einsetzen.

Wenn ein Pferd, das weder eine Psychotherapie anbietet, noch ein Medikament, so wirksame Heilung erzielen kann, dann bedeutete dies, dass Heilung im Kern weder mit Sprechen, noch mit Denken, noch mit Medikamenten zu tun hat, sondern allein mit authentischer Energie.

Dies, das weiß ich jetzt, ist meine Vision. Alles, was mir jetzt noch fehlt, ist der Mut, sie in die Welt zu bringen.

Tag 4 – Mein Plan

Ich habe einen neuen Plan. Ich mag Pläne, aber nur, wenn sie aus meiner inneren Quelle kommen. Ich bin unfähig, mich an Pläne zu halten, wenn sie mir von außen vorgesetzt werden. Das hat mit dem Archetyp der Künstlerin zu tun, der meine Persönlichkeit prägt. Es hat viele Jahre gebraucht, bis ich akzeptiert habe, dass dieser Archetyp klare Grenzen mit sich bringt. Archetypen sind starke Mächte, die uns erstaunliche Fähigkeiten verleihen. Es ist ein entscheidender Schritt im Leben jedes Menschen, zu erkennen, welcher Archetyp ihn führt. Der Archetyp lässt einen scheinbar Unmögliches erreichen, aber er bringt auch klare Grenzen mit sich.

Als Künstlerin bin ich eine Dienerin des Augenblicks. Alles, was ich habe, ist der Augenblick – denn nur im Augenblick ist Kreativität möglich. Nur im Augenblick, jenseits von Konzepten, Erwartungen und Vorstellungen kann etwas Neues entstehen. Der Augenblick verlangt totale Hingabe, nur dann ist er wirksam. Das bedeutet aber auch, dass alles, was jenseits des Augenblicks angesiedelt ist, nicht funktioniert. Mir fehlt da jede Kraft und jedes Durchhaltevermögen. Das ist für meine Mitmenschen und auch für mich selbst bisweilen schwer nachvollziehbar. Ich habe es mir nicht ausgesucht. Deshalb hat es so lange gedauert, es zu akzeptieren. Jetzt jedoch bin ich an einem Punkt angelangt, wo ich drohe mein Gehör zu verlieren und ich keine Zeit mehr habe für Spielereien und Experimente. Seit dem Ritt auf Zaki, dem Araberwallach, weiß ich, dass mir nur der radikale Augenblick helfen kann.

Künstler sind als Chaoten verschrien, das weiß ich, weil ich genau wie andere gesellschaftliche Randgruppen, den Projektionen der Nicht-Künstler oder Noch-Nicht-Bewusst-Künstler auf das Verdrängte ausgesetzt bin. Ich will mich hier nicht als armes Opfer darstellen. Jeder Mensch gehört einem Archetyp an und kennt die Projektionen und Ausgrenzungen, deren Zielscheibe er wird, egal ob er ein Buchhalter, ein Finanzmakler, eine Sterbebegleiterin, Hausfrau oder Lehrerin ist. Das Einzige, was wichtig ist: Man darf sich von den Ausgrenzungen der anderen und der damit verbundenen Angst, nicht dazu zugehören und zu verhungern oder zu verdursten, nicht irritieren lassen. Man darf sich auch nicht der Illusion hingeben, man könnte durch Anpassung etwas erreichen. Man kann durch Anpassung etwas erreichen und das ist auch notwendig bisweilen, aber das kann nur eine Anpassung sein, die man im vollen Bewusstsein begeht, dass sie nicht dem Wesen der eigenen Person entspricht. Sonst sitzt man wirklich tief in der Tinte.

Chaotische Künstlerin also. Unfähig vorgegebenen Plänen zu folgen, unfähig aus dem Augenblick herauszutreten. Bin ich dazu verdammt, nie an einem Ziel anzukommen, weil ich unterwegs von einem erfüllten Augenblick abgelenkt werde?

Wie bringe ich die Lust des Augenblicks und die Disziplin eines klaren Ziels unter einen Hut?

Ein Ziel ist eine Abfolge erfüllter Augenblicke. Nichts anderes wird einen Menschen je zu einem nachhaltigen Ziel führen. Alles andere, das dröge, lustlose, unerfüllte Dahinsiechen und Minutenzählen mag einmal eine notwendige Strategie gewesen sein, aber damit können wir heute nicht mehr überleben. Unsere Welt wird bestimmt von Energie. Und Energie entsteht im Augenblick, nirgendwo sonst.

Unsere dringlichste Aufgabe ist es, zu Kraftwerken des Augenblicks zu werden.

Unsere dringlichste Aufgabe ist es, unsere Wahrnehmung des Augenblicks zu trainieren.

Unsere dringlichste Aufgabe ist es, nicht unser Wissen zu vermehren, sondern unseren Umgang mit Energie zu verbessern.

Unsere dringlichste Aufgabe ist es, nicht unsere selbstgemachten menschlichen Theorien zu studieren, sondern uns in Verbindung zu setzen mit der Natur.

Tiere und die Natur verkörpern, was wir brauchen, um als Spezies zu überleben.

Für mich geht es darum, meine Verbindung zur Welt wiederzufinden, wieder hören und fühlen zu können, aus meinem Trauma aufzuwachen.

Für mich geht es darum, eine Vergangenheit von dreißig Jahren, die den Großteil meines Lebens ausgemacht hat, hinter mir zu lassen, ohne zurückzuschauen. Zurückschauen kann ich später, wenn ich die innere Kraft dazu habe. Jetzt geht es zunächst nur darum, einen Boden zu finden, auf dem ich stehen kann.

Ich brauche ein neues Zuhause.

Dieses neue Zuhause zu finden, dazu dient mein Plan. Ein Plan, der aus meiner Überlebensintuition entsteht, ein Plan, der meiner inneren Intelligenz entspringt. Ein Plan, hinter dem alle meine Gefühle stehen von Ärger, Angst bis überschäumende Freude. Ein Plan, der von meiner inneren Quelle gespeist wird.

Er kam in jenem Seminar von Esther Kochte. Er näherte sich unbemerkt, er zeigte sich als Geschenk hinter einer Krise. Meine Fähigkeit zu hören hatte sich wieder einmal verabschiedet, ich konnte dem wirklich spannenden Prozess, den Esther mit einer Teilnehmerin durchführte, nicht folgen. Nein, ich würde mich nicht ärgern, ich würde mir keine Sekunde lang erlauben, mich aus dem Flow werfen zu lassen durch meine Frustration. Ich klappte mein Notizbuch auf und begann zu schreiben, ... in den Augenblick zu schreiben, solange bis ich wieder hören würde.

Ich schrieb Seite um Seite, nichts wurde besser. Meine Aufzeichnungen stellen das erste Kapitel dieses Buches dar. Nach vielen Seiten kam es mir in den Sinn, dass gerade, in diesem Augenblick, ein Buch entstand. Den Titel "Ich habe eine Vision" hatte ich am Abend zuvor notiert, ohne zu wissen, wozu er dienen würde. Am nächsten Tag, während des Seminars, wurde das erste Kapitel geschrieben. Als das Seminar zu Ende war, konnte ich wieder hören. Die authentische Energie des Seminars und meine eigenen authentischen Impulse, die dabei ausgelöst wurden, hatten einen neuen Heileffekt hervorgebracht.

Am nächsten Morgen setzte ich mich hin und schrieb weiter. Ich machte einen Plan. Der Plan diente dazu, mir ein Gefühl zu geben, Kontrolle über mein Leben zu haben, nachdem ich sie in einigen wesentlichen Elementen verloren hatte, eine Liebesbeziehung, ein Zuhause, mein Gehör. Mein Plan konnte nicht etwas sein, das mein altes Leben fortsetzte. Es konnte auch kein Plan sein, mit dem ich beweisen würde, wie heldenhaft ich über mich hinauswachsen konnte. Mein Plan war aus Notwehr geboren. Er musste mich aus dem Katastrophengebiet hinausbefördern in eine Zone der Sicherheit, wo mein Herz aufhören würde wie wild zu schlagen und ich wieder normal atmen – und hören konnte. Ein Evakuierungsplan. Er musste simpel sein und mit dem auskommen, was schon da war, um damit etwas vollkommen Neues zu erschaffen. Er musste eine echte Transformation hervorbringen.

Was ich hatte: Einen Buchtitel und einen Schreibflow und einige freie Tage. Ich schlug den Kalender auf. Ich zählte die Seiten, die ich am ersten Tag geschrieben hatte und rechnete. Das Buch musste ca. 200 Seiten haben, um als Buch veröffentlichungsfähig zu sein. Wenn ich das Tempo hielt und jeden Tag 12,5 Seiten schrieb, würde ich in 8 Tagen bei 100 Seiten angelangt sein und in 16 Tagen bei 200.

Würde das Buch Qualität haben? Ja, das würde es – unter einer Voraussetzung: Wenn ich ganz im Augenblick bleiben konnte. Der Augenblick würde mich tragen. Die Sprache würde mich zwingen, im Augenblick zu bleiben. Soviel wusste ich: Das Schreiben ist eine der wirksamsten Augenblicksübungen. Das ist vermutlich der Grund, warum so viele spirituelle Lehrer Bücher schreiben ohne Pause zu machen. Der bekannte spirituelle Lehrer Chuck Spezzano sagt in einem Interview in der aktuellen Zeitschrift *Happy Way:* "Ich arbeite jetzt gerade an elf Büchern gleichzeitig."

Die Sprache würde mein Exerziermeister des Authentischen sein. Als lebenslange Autorin (mein erstes Buch begann ich mit elf Jahren) weiß ich, dass die Sprache nicht antwortet, wenn ich nicht authentisch bin. Und ich weiß, dass sie Wunder hervorbringt, wenn ich es bin. Hier war mein Tor ...

Ich bin jetzt auf *Seite 39.* Ob ich es schaffe, weiß ich nicht und das ist das Spannende daran. Die Herausforderung ist groß genug. Und am Ende WERDE ICH eine andere sein.

Krisenbewältigung ist Hochleistungssport. Das Gute: Die Motivation wird mitgeliefert.

Ich muss da heraus. Ich brauche einen radikalen Neuanfang.

Bin ich gut im Aufbrechen?

Mich umgibt ein Image von Unberechenbarkeit, das in den letzten Jahren zugenommen hat. In den letzten Jahren war ich damit beschäftigt, mich von Fesseln zu lösen, von allem, was meinen kreativen Flow einengt. Das mag arrogant klingen, aber ich brauchte einfach Kraft. Ich hatte die Verantwortung für eine Familie, eine Partnerschaft, für ein Pferd, zwei Katzen, für unzählige Coaching-Klienten, Workshop-Teilnehmer, Auszubildende, für einen Verlag und seine Autoren. Ich folgte Visionen, die alles andere als erprobt waren, die sich dem erprobten Mainstream querstellten.

All das zu leben war nicht möglich, wenn ich mich auch nur einer Unze von Depression hingab. Und Fesseln, ob es finanzielle, emotionale oder energetische Fesseln sind, bringen Depressionen hervor, Lähmungen unserer Lebenskraft. All das gesagt, gibt es doch eine Seite an mir, die sehr loyal und anhänglich ist. Oder noch klarer gesagt: Ich brauche ein Zuhause. Kürzlich las ich ein Interview mit Deepak Chopra, dem weltbekannten spirituellen Lehrer, in dem er davon redet, dass er von seinen Reisen in ein Heim zurückkehrt, zu einer Familie. Das bricht mir das Herz. Dieses Zuhause habe ich verloren. Das ist es, was ich wiederfinden muss: Ein Zuhause, das ist es, was ich am meisten vermisse.

Die Einsamkeit des Hotelzimmers.

Seit ich nicht mehr mit dem wichtigsten Menschen meines Lebens zusammenlebe, habe ich einen unstillbaren Hunger nach der Nähe von Menschen entwickelt. Hätte ich nicht so unglaublich wundervolle Menschen in meinem Leben, ich wäre vermutlich zur Stalkerin geworden. Wenn ich mich umschaue, sehe ich Menschen eingebettet in ihr Leben, in ihren Alltag, in ihr Netz von Beziehungen. Ich erlebe mich als DRAUSSEN. Das Seminar von Esther Kochte letztes Wochenende: Aufgehobensein unter wunderbaren Menschen. Nach dem Seminar: Allein in einem anonymen Hotelzimmer. Eine brennende Einsamkeit, eine Einsamkeit, die in jeder Zelle meines Körpers schmerzt. Das alte Ich, es ist noch da. Es ist noch da mit seinem Verlust. Nur daran zu denken, weckt sofort eine Schreibblockade. Mein ganzer Körper ist gelähmt. Das bin ich: Die Einsamkeit, unerträglich, die rohe Wunde, das offene

Fleisch, dem ein riesiger Brocken entrissen wurde. Ich, ein Quasimodo, der sich blutend und hinkend durch das Leben schleppt. Der auf ein Hotelbett mit frischen Laken fällt, die nach Waschmittel duften, nicht dem Waschmittel, das ich verwende und kenne, sondern einem fremden. Ein Bad mit hellbeleuchteten Spiegeln, in denen ich mich nicht erkenne. Das alte Ich ohne sein altes Leben. Dieses Ich ist nicht mehr lebensfähig. Es muss verabschiedet werden. Meine Qualitäten der Loyalität, der Treue, sie stehen mir jetzt im Weg.

Ich muss mir jetzt UNTREU werden.

Das eine ist, dem Flow des Lebens zu folgen, das andere ist, in einer Krise mit voller Absicht und vollem Bewusstsein eine neue Richtung einzuschlagen. Das ist jetzt meine Aufgabe. Diesen Abend im Hotelzimmer in Freiburg werde ich als einen Wendepunkt in Erinnerung behalten. Als einen Moment, in dem ich aktiv beschlossen habe, es nicht mehr zuzulassen. Ich lasse nicht mehr zu, von den Ereignissen beherrscht zu werden. Ich lasse nicht mehr zu, in eine Lähmung abzusinken. Ich lasse nicht mehr zu, mich nur äußerlich zu bewegen wie ein Gespenst, das innen gestorben ist. Ich erlaube nur noch kurze, klare, vollpräsente Augenblicke der Trauer und darüber hinaus, arbeite ich mit aller Kraft und Freude, die in mir ist an einem neuen Ich, einem neuen Leben, einem neuen Zuhause, wo auch immer das sein mag.

Ich kenne mich nicht mehr. Ich bin niemand mehr.

Da beginnt alles. Ich halte kein altes Ich mehr künstlich aufrecht. Das verbiete ich mir ab sofort. Das ist meine einzige Chance. Ich muss mich entscheiden. Sofort. Ich schreibe mein Buch. Ich erfinde mein Leben – neu.

Noch acht Seiten

Es ist der vierte Tag meines Buches, mit dem mein neues Leben begonnen hat. Mein Plan sagt, dass ich heute bis *Seite 50* kommen muss. Ich bin bei *Seite 42*. Die Schuldgefühle überfallen mich: Ich kann meinen Lesern nicht zumuten ein Buch zu lesen, in dem ich, die Autorin nur Seiten fülle nach Plan. Irgendetwas schreiben, nur damit der Plan erfüllt ist, leblos und tot. Aber wie soll das Schreiben anders sein als mein Leben? Mein Leben ist leer, ich bin leer, wie sollen sich die Seiten da mit etwas Sinnvollem füllen?

Das Gesetz der Anziehung

Das Leben ist ein Spiegel. Wenn ich leer bin, antwortet mir das Leben mit Leere. Wer mir nicht mit Leere antwortet, ist meine Katze Mia. Jeden Morgen, wenn ich aufwache in die Leere, in den Moment, bevor meine Entschlossenheit einsetzt, ist sie da. In jenem Moment des schutzlosen Seins sitzt sie neben meinem Kopf und sieht mich an. Ihr Blick ist weise. Sie wartet nicht auf Futter. Sie ist DA für mich. Anfangs habe ich es gar nicht bemerkt. Aber jetzt sehe ich es. Und es berührt mich zutiefst. Egal wie niedergeschmettert ich mich fühle, sie ist da. Nicht für mein Niedergeschmettert-Sein, sondern für mein Bewusstsein darüber. Sie zeigt mir, dass ich nicht das zerschmetterte, wunde Selbst bin, das in ein unbekanntes Leben aufwacht. Sie zeigt mir, dass ich jenseits davon eine Präsenz bin, ein Bewusstsein. Dass der Schmerz vielleicht ein Tor zu diesem Bewusstsein ist.

In meiner Arbeit mit Pferden ist dies der Kern. Die Tiere erinnern uns daran, dass das Wesentliche an uns nicht Vorstellungen sind, sondern unser Sein. In meiner Arbeit mit Pferden und Menschen erlebe ich auch immer deutlich, wie schwierig es für uns Menschen ist, das zu erkennen.

Kein Wunder, unsere ganze Kultur ist gebaut auf Vorstellungen. Das Sein kommt darin nicht vor. Das Wesentliche ist unbewusst in unserer Kultur, die, wenn sie das Wesentliche nicht bald erkennt, dem Untergang geweiht ist.

Jeden Morgen erlebe ich selbst, wie unbewusst ich bin. Jeden Morgen bin ich voller Rührung und Dankbarkeit, dass Mia, meine Katze, mich daran erinnert. Dass sie mir zeigt, dass ich nicht Schmerz und Leere bin, sondern Bewusstsein. Ihr Blick, ihre ganze Haltung ist ein so klarer, anrührender Ausdruck von reinem Bewusstsein, dass ich nicht anders kann, als das Leben in seiner Essenz darin zu erkennen. Alles andere, meine Selbstmordabsichten, meine Verzweiflung, meine Einsamkeit fallen ab, zeigen sich als die Illusion, die sie sind im Angesicht eines vollbewussten Wesens wie Mia.

Das Leben folgt mir. Das Leben spricht mit mir.

Nicht nur Mia zeigt mir das Sein hinter den Dingen. Das Leben selbst spricht mit mir in außerordentlicher Weise. Ereignisse, Menschen, Zeitabläufe. Alles scheint voller Sinn und Bewusstsein zu sein, jetzt wo ich mich verloren habe. Ich kann es noch nicht ganz erkennen, ich kann es nicht ganz wertschätzen, weil dieser riesige Panzer aus altem, verwundetem Ich mich wie ein Nebel umhüllt. Aber ich nehme es wahr. Ich staune. Das Gesetz der Anziehung, nach dem das Leben wie ein Spiegel der eigenen Absichten agiert, dieses überaus magische universelle Gesetz, das ich seit vielen Jahren beobachte, das mich unendlich neugierig macht, das sein Geheimnis stets von neuem verschleiert: Es offenbart sich in diesen Tagen auf eine nie dagewesene Weise. Und ich verstehe es auf eine neue Weise:

Das Gesetz der Anziehung folgt der Notwendigkeit.

Der Moment, in dem klar war, dass ich aus der Wohnung ausziehen musste, die ich mit dem wichtigsten Menschen in meinem Leben teilte, brachte eine so starke Notwendigkeit mit sich, dass ich innerhalb von wenigen Stunden eine neue Wohnstätte gefunden hatte – in einer Stadt, von der man sagt, dass es hier "keine Wohnungen gibt". Ich habe nicht irgendeine Wohnung gefunden. Ich habe eine Wohnung gefunden, die mich vom ersten Augenblick an ganz und gar glücklich gemacht hat. Einen Wohnort, den das Gesetz der Anziehung gemäß meinen ganz und gar authentischen Wünschen herbeigezaubert hat. Wie wunderbar dieser Ort ist, wird mir erst nach und nach bewusst.

Die Vorstellung, in irgendeiner Wohnung, in irgendeinem Stadtteil einer Stadt zu wohnen, die mir fremd ist – allein – war für mich so deprimierend, dass ich mir als Alternative nur den Friedhof vorstellen konnte.

Krafttiere sorgen für präzise Manifestationen.

Die Magie ist mein eigentliches Arbeitsgebiet und meine wesentliche Fähigkeit. Die Magie beinhaltet, dass mir Krafttiere zur Seite stehen, die dafür sorgen, dass ich an die richtigen Orte zur richtigen Zeit komme, auch wenn ich mal wieder in unbewussten Dingen verstrickt bin. Das Krafttier, das mich an jenen Tagen begleitete, war die Eule. Ich hatte eben einen Artikel über die Eigenschaften der Eule verfasst, ich hatte eine grell lila Weihnachtskugel in Form einer Eule in einem Schaufenster entdeckt und gekauft und auf meinem Schreibtisch platziert. Ich hatte ein Graffiti in Form einer Eule auf dem Betonfußboden eines Fußgängerübergangs entdeckt, die Eule antwortete mir in vielerlei Form. Ich betrat das Apartment, das ich in einer Online-Anzeige entdeckt hatte, und sah auf dem Balkon eine 30 cm große Eule stehen. Ich sagte sofort zu. Das Apartment bot alles, was ich im Moment am Dringendsten brauchte: Es lag zentral, gleich neben der Hauptschlagader Stuttgarts, der Königstraße. Ich würde hier nicht abgeschoben und allein sein. Außerdem wohnten in der Wohnung außer mir noch drei andere Frauen, mit denen ich mir das Bad und die Küche teilen würde. Ich konnte meine Katze mitbringen – und das Zimmer war ab sofort frei.

Die Tonne des Diogenes

Ich lebe jetzt auf 15 Quadratmetern mit einem kleinen Sekretär, einem Sofa, das zum Bett umgewandelt werden kann, einem Kleiderschrank für 40 EUR und so viel Büchern, wie ich in Regalen unterbringen konnte.

Ich liebe es. Es ist perfekt. Besser hätte ich es mir nicht ausdenken können. Ich bin eine Philosophin und fühle mich seelenverwandt mit Diogenes, dem Philosophen des Minimalismus, der in einer Tonne lebte. Minimale Materie, maximales Bewusstsein. Ich lebe in einer Stadt des Wohlstands und des Luxus, umschwirrt von den teuersten Autos, vor meiner Haustür fließt ein ununterbrochener Strom von Daimlers, Porsches, BMWs, alle nagelneu. Einer Stadt, in der Materie eine unumstößliche Größe darstellt – und es beflügelt mich. Es gefällt mir. Vor wenigen Jahren noch habe ich mit meiner Familie auf 300 Quadratmetern gelebt. Meine neue Situation stellt einen wahren Kontrast dar.

Vicky

Das Gesetz der Anziehung, das habe ich neuerdings in ganzem Umfang verstanden, orientiert sich an Energie. Genau wie die Krafttiere sorgt es dafür, dass wir dem begegnen, was im Augenblick für uns am Wichtigsten ist. Dem Helden beschert es neue Herausforderungen, dem Menschen in Not macht es Geschenke.

Ich bin noch nie so beschenkt worden wie in diesen Tagen, in denen meine Not am größten ist.

Eines dieser Geschenke ist Vicky, die Hauptmieterin der Wohngemeinschaft, in die ich vor zwei Wochen eingezogen bin. Vicky oder Victoria Galan Perez ist 28 Jahre alt, wunderschön, hat Amazonen Power und obendrein ein großes Herz. Sie gehört für mich jetzt schon zu den phänomenalsten Menschen, denen ich begegnet bin. Die WG, in der sie entscheidet, wer einzieht, ist bewohnt von jungen Frauen. Für mich, die ich nebenbei (eines der 11! Bücher an denen ich parallel arbeite) an einem Buch über einen keltischen Amazonenstamm arbeite, ist die WG ein solcher Stamm von überlebensstarken jungen Frauen, in die ich als ... – ja, als was hat das Universum mich hierher gepflanzt? Als Schriftstellerin, als weise Seherin oder einfach als Zufallsprodukt? Was auch immer, ich erklärte Vicky bei unserem ersten Telefonat, dass ich 54 Jahre alt war, sie lud mich ein vorbeizukommen. Wir redeten ein Weilchen, sie zeigte mir das Zimmer, erklärte mir die Gepflogenheiten und nahm mich auf.

Eine Woche später offenbarte sie mir, was ihre Leidenschaften sind. Ihre Haupttätigkeit ist die einer Fitness-Trainerin in einem bekannten Stuttgarter Fitnessclub. Ihre Freizeit verbringt sie im Geräteraum, um ihren Körper zu trainieren, mehr noch, um ihren Körper zu formen. Ein perfekter Körper, präzise geformt aus Muskeln, damit nimmt sie an Bodybuilding-Wettbewerben teil. Bei diesem Sport besetzt Vicky Platz 5 in Deutschland. Sie betreibt diesen Sport, der starke Trainingsdisziplin verlangt, mit 100 %iger Leidenschaft. Das beeindruckt mich an Vicky. Ihre Passion ist so groß, so unerbittlich, hartnäckig und strahlend wie meine. Vicky ist eine taffe Frau, eine strahlende Frau. Kommt ihr etwas in die Quere, stellt sie sich hin und rückt es zurecht, und nie ist sie dabei unfair.

Gestern hatte sie einen spannungsgeladenen Streit mit ihrem Freund, ich kam zufällig in die Küche. Sie schickte mir ein vernichtendes Signal, dass ich zu verschwinden hätte. Eine Sportlerin, wie sie, muss nicht viel Kraft sammeln, um einen Orkan durch ein Zimmer fegen zu lassen. Am nächsten Tag entschuldigte sie sich aufrichtig dafür, dass sie sich so hatte gehen lassen. Ihr Ärger hatte ja nicht mir gegolten, sondern war die Ladung aus dem Gespräch.

Wenn ich mit Vicky spreche, stoße ich auf eine Gleichgesinnte, auch wenn sie halb so alt ist wie ich und ihr Leben mit ganz anderen Inhalten füllt. Ihr Spirit ist hellwach, von Vicky kann ich noch etwas lernen. Hin und wieder lässt sie Sprüche los, über die man ganze Coachingbücher schreiben könnte. Zum Beispiel: "Wenn ICH nicht weiß, was ich will, WER DANN?" Ich sage, danke, liebes Universum, dass du mich in ein echtes Amazonennest hast fallen lassen.

Ein größeres Problem setzte an, sich am Horizont aufzubäumen: Ein Parkplatz für mein Auto. Ich brauche ein Auto, um zu meinem Pferd zu fahren, weit draußen auf dem Land. In der Innenstadt von Stuttgart gibt es jedoch keine Parkplätze unter 18 EUR am Tag. Die Parkgaragen der Umgebung haben Wartelisten bis 2016. Was tun? Hatte ich bei meinem Blitzumzug ein wesentliches Detail übersehen? Nein! Das Universum hatte die Führung übernommen und servierte mir einen absolut bezahlbaren Platz in einer Tiefgarage in Gehweite.

Das Leben hat so seine Art, mir diese Dinge nahezulegen, zusammen mit einer Visitenkarte, damit ich nicht auf die Idee komme, das alles wäre ohnehin selbstverständlich. Der Vermieter der Garage gab mir einen Termin, der vor dem Termin eines anderen Interessenten lag, der sich vor mir gemeldet hatte. Weil ich sofort zusagte, bekam ich den Platz. Wir wollen, dass du hier bist, sagt mir das Leben mit vielen kleinen Details. Und ich habe das Gefühl, die Wundertüte ist noch nicht ganz ausgeschüttet.

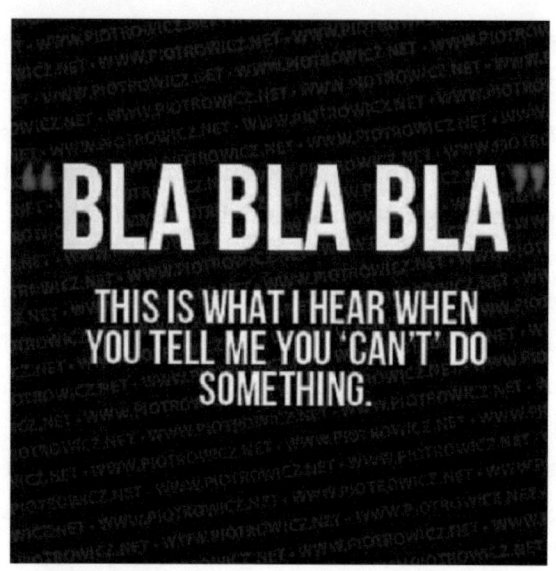

Einer der Sprüche von Vickys Facebook-Seite.

Ein Besuch lohnt sich für jeden, der einen Kraftschub braucht.

Vickys Credo (Text von ihrer Facebook Seite, mit ihrer Erlaubnis wiedergegeben und von mir übersetzt):

> *BELIEVE that when we face challenges in life it's an opportunity to build on our faith, inner strength, & courage.*

GLAUBE, dass wir, wenn wir Herausforderungen begegnen im Leben, es eine Gelegenheit ist, unseren Glauben, unsere innere Stärke und unseren Mut wachsen zu lassen.

> *One thing you can do better than anyone else, is to be yourself & never let someone else define who you are or what you're worth. be happy ... be confident ... be sexy*

Victoria Galan Perez

Das Eine, das du besser kannst als jeder andere, ist du selbst zu sein und niemals jemand anderen definieren zu lassen, wer du bist oder was du wert bist. Sei glücklich ... sei selbstbewusst ... sei sexy.

> *Life is all about finding who you are and working towards who you want to be. Life has no limitations, except ones you make.*

Im Leben geht es darum, herauszufinden, wer du bist und darauf hinzuarbeiten, wer du sein willst. Das Leben kennt keine Grenzen außer denen, die du dir selbst setzt.

Tag 5 – Warum bin ich noch nicht erleuchtet?

Heute Morgen stoße ich auf ein neues Tief. Gestern Abend war alles gut, aber heute Morgen wache ich auf und es kommt mir so vor, als ob alles zu Ende ist. Vor allem meine Kreativität. Ich weiß nicht, ob ich heute überhaupt eine Zeile schreiben kann, also schreibe ich darüber, dass ich es NICHT kann. Natürlich halte ich das für vollkommen unzumutbar. Ich habe starke Schuldgefühle, dass ich dem Leser überhaupt so etwas vorsetze. Ich habe starke Zweifel, dass aus diesem Projekt jemals ein Buch wird – und wozu dann weitermachen?

Gestern hatte ich ein Coachinggespräch mit einer Autorin, deren Buchprojekt ich betreue – oder besser gesagt, deren Entwicklung als Autorin, denn beim Schreiben geht es weniger um ein Projekt als um einen Autor. Was ich gelernt habe in den Jahrzehnten, in denen ich Künstler ausbilde und betreue, ist, dass Kreativität immer von Angst begleitet ist – oder genauer von Verletzbarkeit. Das ist wohl auch der Grund, warum unsere Kultur so erstarrt ist und so wenig Mut zur Veränderung aufbringt: Es macht zu viel Angst. Chuck Spezzano bringt es auf den Punkt in seinem Interview mit der Zeitschrift *Happy Way*:

> *"Heilung ist nicht nur Reparatur. Ganz sicher brauchen wir auch Heilung im Sinne von Reparatur. Aber Heilung ist mehr. Es bedeutet auch, seine Aufgabe im Leben herauszufinden. Dazu muss man seine Kreativität entwickeln. Man muss in gewisser Weise zum Künstler werden. Es geht nicht darum, was man tut, sondern wie man es tut. Ein Künstler gibt sich total hin, der hält nichts zurück.*

So jemand geht an die Grenzen des Lebens. Viel zu viele Leute wollen Komfort und enden in der Leblosigkeit."

Es geht darum, seine Aufgabe im Leben herauszufinden. Das ist der Grund, warum ich dieses Buch schreibe. Das ist der Grund, warum ich lebe. Das ist auch der Grund, warum ich nicht mehr leben will. Ich habe meine Aufgabe verloren. Ich befinde mich in einem Stadium massiver Verletzbarkeit, in einem kreativen Prozess, der mir eine Nummer zu groß ist. Von der Komfortzone, in der ich die meiste Zeit meines Lebens verbracht habe, bin ich in die Panikzone gerutscht.

Ich spreche also mit der Autorin im Coaching, die mir sagt, dass sie die Kraft zum Schreiben verloren habe. "Ich habe so viel Zeit und so viel Herzblut in dieses Projekt gesteckt, aber jetzt sehe ich, dass ich nie damit fertig werde, dass nie etwas Lesenswertes dabei herauskommen wird. Ich dachte sogar, ich könnte einmal vom Schreiben leben, aber das war nur ein schöner Traum. Ich gebe auf. Ich dachte nur, ich spreche noch einmal mit Ihnen."

Solche Gespräche führe ich nicht selten mit Autoren. Das Schreiben ist eine große Herausforderung, besonders in einer Zeit, in der alles auf schnelle Ergebnisse ausgelegt ist. Man kann es sich vermeintlich nicht leisten, Schritt für Schritt zu wachsen. Egal, wo die Verletzbarkeit herkommt, ob sie die Angst ist, nie etwas Wertvolles zu erschaffen, die Angst, finanziell nicht überleben zu können oder die Angst, nicht geliebt zu werden: Es geht immer um das eine Gefühl: Angst.

Wenn ich die ersten Zeilen lese, die ich heute Morgen geschrieben habe – das ist erst 15 Minuten her – sehe ich, dass sie ein Ausdruck genau jener Verletzbarkeit sind. Wenn wir dringend etwas lernen müssen als Einzelne und als Kultur, dann ist es ein besserer Umgang mit unserer Verletzbarkeit. Das ist auch der Grund, warum ich noch nicht erleuchtet bin – und es im Grunde auch nicht sein möchte.

Das Lebendige ist ein Prozess der Verletzbarkeit. Das Lebendige ist der Wandel und der Wandel ist immer begleitet von Verletzbarkeit.

Das hat einen einfachen Grund: Wandel bedeutet, dass ich mich auf das Unbekannte einlasse. Wandel ist ein Aufbruch in den Dschungel voller Insekten, wilder Tiere, Sümpfe und Krankheiten. Angst ist eine ganz natürliche Reaktion. Sie stellt uns die nötige Energie zur Flucht bereit. Das gilt nicht nur für die reale Angst vor einem hungrigen Löwen, sondern auch für die Angst, uns emotional nicht mehr zurechtzufinden, wenn wir unsere Gewohnheiten zurücklassen, wie es in einer Krise der Fall ist.

Erleuchtung bedeutet, dass ich mich durch so viele Verletzbarkeiten durchgearbeitet habe, dass ich den Prozess der Wandlung so oft durchlebt und in all seinen Facetten kennengelernt habe, dass ich ihn immer schneller durchlaufe. Die andere Seite der Verletzbarkeit, das Gefühl, in das ich mich hineinverwandle ist Bewusstsein, ist Mut, ist Kraft, innere und äußere. Deshalb ist der Prozess der Verletzbarkeit so anziehend, deshalb ist er ein so großes Geheimnis: Wir tun alles, um ihm auszuweichen, wenn wir drin sind, tun wir alles, um ihm zu entkommen. Wenn wir nicht anders können als ihm zu begegnen, wenn das Leben uns dazu zwingt, wenn wir nicht anders können als hindurchzugehen, fühlen wir uns am anderen Ende großartig. Wir fühlen uns erleuchtet.

Erleuchtung ist das Geschenk, wenn ich mich der Verletzbarkeit stelle. Immer und immer wieder.

Verletzbarkeit ist so herausfordernd, weil sie uns schwach macht. Das widerspricht unseren Überlebensinstinkten. Wir streben nach Sicherheit, aber genau jene Sicherheit ist das, was unserem Überleben am Ende im Weg steht. Wenn wir uns unserer Verletzbarkeit nicht stellen, erstarren wir. Wir werden handlungsunfähig, unsere Kreativität ist blockiert, unsere Probleme häufen sich, wir können sie nicht mehr mit unseren gewohnten Routinen lösen. Wir bräuchten Kreativität, aber genau davon sind wir abgeschnitten.

Wenn ich tatsächlich eine neue Vision finden möchte, muss ich als erstes das Bewusstsein für meine Verletzbarkeit zurückgewinnen.

Verletzbarkeit, ja, ich kann sie empfinden. Sie begleitet mich seit Beginn der Krise. Ich zittere am ganzen Körper, während ich diese Zeilen schreibe. Ich muss zweimal am Tag meine Kleidung wechseln, weil sie vom Angstschweiß getränkt ist. Meine Ohren senden mir ununterbrochen Schmerzsignale. Mein ganzes System sucht nach Schutz. Ich habe mich für erfahren gehalten in Verletzbarkeitsprozessen, schließlich waren sie mein Elixier als Künstlerin, das Treibmittel meines recht radikalen Weges. Verletzbarkeit ist auch der Kern dessen, was ich in meinen Seminaren der pferdegestützten Persönlichkeitsentwicklung lehre. Ich hielt mich für sattelfest. Man kann mich als recht arrogant erleben, wenn es darum geht, mich über Anpassung und Unterwerfung zu erheben. Jetzt bin ich zum ersten Mal mit einer Verletzbarkeit konfrontiert, die an meine Substanz geht. Jetzt muss ich zum ersten Mal meinen Gespenstern wirklich ins Gesicht sehen. Ja, ich fühle mich absolut jämmerlich. Etwas in mir sucht immer noch nach Schuldigen. Ein weiterer Versuch, von meiner Verletzbarkeit abzulenken. Wer weiß, wie meine jetzige Krise überhaupt entstand: Ist es wirklich die Trennung, die mir so zusetzt? Ist es eine Phase in meinem Leben, die mit meinem Alter, meiner Entwicklung, meinem spirituellen Weg zu tun hat? Ist es ein Trauma meiner Vorfahren, das mich erwischt hat, ist es Existenzangst? Ja, ich muss und will und werde es vielleicht irgendwann herausfinden oder auch nicht. Ich habe die nötige analytische Neugier dazu und die nötige Intuition, um im

Buch des Lebens zu lesen. Aber nicht jetzt. Ich beobachte mich selbst, wie ich das tue, wie mein Verstand nach Erklärungen sucht, aber ich merke auch, sie beruhigen mich nicht, sie verstärken meine Angst auf eine ungute Weise.

Ich muss noch tiefer in das Bewusstsein meiner Verletzbarkeit eintauchen. Nur dort, im Herzen der Verletzbarkeit, am Boden der Verletzbarkeit, kann ich den Prozess wiederfinden. Den Prozess, der mich durch die Verletzbarkeit hindurchträgt und aus ihr hinaus. Ich brauche ihn, den Prozess, ich muss ihn finden: Er ist meine Rettung, der Weg meiner Heilung. Er ist meine Vision. Er ist meine Erleuchtung. Nichts anderes ist Erleuchtung als am Boden meiner Verletzbarkeit anzukommen – und mit ihr zu verschmelzen, mit ihr eins zu sein.

Ich denke an letzten Sonntag, an das Ende des Seminars von Esther Kochte, als ich begann das Buch zu schreiben: Da war ich auf ganz neue Art bei mir angekommen. Da war ich in der vollkommenen Leere, die zugleich vollkommene Fülle war, Bedürfnislosigkeit. Da war zum ersten Mal seit dem Schock die Quelle meines Getrenntseines überwunden. Da war ich eins mit meiner Taubheit. Da empfand ich ein inniges Gefühl für meine Taubheit. Da waren meine Ohren, die nicht richtig hören konnten, meine besten Freunde. Da verstand ich, dass sie, die mir am meisten Angst machen, zugleich meine größten Lehrer, meine engsten Vertrauten sind. Dass sie mir mehr Nähe und Glück und Trost geben können als ein Mensch. Da war ich zum ersten Mal mir selbst mein bester Freund. Ein eigenartiges Gefühl.

Nähe ist Heilung – aber zu was und zu wem?

In den letzten Tagen, wo mir so viele Muster und Gewohnheiten bewusst werden, erkenne ich, dass ich die meiste Zeit meines Lebens für andere da war. Das war mein größter Wunsch und meine größte Erfüllung. Der

Mensch, für den ich am meisten da war, er ist nicht mehr Teil meines Lebens, das ist die Quelle meines größten Schmerzes, hier weine ich, hier bin ich hoffnungslos. Ich konnte nicht mehr für ihn da sein, und er nicht mehr für mich. Gründe und Erklärungen ändern nichts daran, dass es so ist. Zu wem finde ich jetzt Nähe? An diesem Sonntag fand ich zum ersten Mal Nähe zu mir. Zuvor war das ja gar nicht notwendig gewesen. Mein Bedürfnis nach Nähe, das viele Jahre sehr satt gefüllt war, sucht jetzt nach neuen Verbindungen. Und eine dieser Verbindungen bin ich selbst? Kommt mein Gefühl, nicht mehr leben zu wollen, mein Gefühl, nicht mehr gebraucht zu werden, daher, dass ich mich selbst nicht brauche? Dass ich keine Verbindung habe zu mir selbst? Die Antwort ist JA. Ich kann gut für andere da sein und gar nicht gut für mich selbst.

Ich kann überall Nähe finden zu anderen, ich bin ein Nähefindungsgenie – aber finde ich Nähe zu mir selbst?

Finden andere Nähe zu sich selbst? Den meisten geht es wie mir. Lieber verstricken sich Menschen in zerstörerische Beziehungen als eine Beziehung zu suchen zu sich selbst.

Kann ich eine verstrickte Beziehung auflösen, ohne zuerst eine Beziehung zu mir selbst zu finden?

Die Antwort ist NEIN. Ich muss dort anfangen, wo ich jetzt, in diesem Augenblick, die größte Nähe zu mir selbst finden kann und das ist nicht nur bei meinen Stärken, sondern bei meinen Schwächen. Bei meiner Taubheit, bei meiner Abgeschnittenheit, bei meinem emotionalen Schmerz. Jetzt fühle ich das leise Rauschen in meinen Ohren und ich empfinde eine Sanftheit, eine Zärtlichkeit. Ich empfinde das unnachgiebige Herzklopfen und das rasende Tempo, mit dem ich mich durch dieses Buch schreibe, in Panik. Ich empfinde die Getriebenheit, die Angst des gejagten Tieres, gejagt nicht von einem äußeren Feind, sondern von einem erlernten oder ererbten Reaktionsmuster in mir selbst. Ich fühle die Leere, das Pochen, das Ausharren, das Warten auf eine Veränderung, ich fühle das Ausweichen, den Widerstand, das innere Aufbäumen gegen das, was ist. Ich warte. Ich fühle das Ende der Worte. Ich fühle die Unfähigkeit zu schreiben, so wie heute Morgen vor zwei Stunden. Ich fühle die Abwesenheit von jedem Stolz, ich fühle die vollkommene Hoffnungslosigkeit, ich fühle die Worte, die sich schreiben, ohne dass ich etwas dazu tue. Immer nur weiter. Das ist das Ritual, in das ich mich begeben habe. Das ist der Raum, den ich meinen Gefühlen gegeben habe. 16 Tage, 12,5 Seiten am Tag. Das ist mein Überlebensplan. Ich bin am Ende. Jetzt.

Ich beobachte, wie meine Gedanken arbeiten, ohne mich. Bin ich das? JA. Ich beobachte meinen Atem, der unendlich schwer ist, als müsse er die ganze Welt mit erlösen. Das bin ich. Ich beobachte meine Abschweifungen. Das bin ich. Ich beobachte meine Gedankenschleifen. Das bin ich.

Ich erinnere mich an das Coaching-Gespräch mit der Autorin. Ich kann für andere leicht die Informationen finden, die sie brauchen, ich kann andere gut durch ihre Prozesse führen. Kann ich das auch für mich selbst? Damit steht und fällt mein Projekt Buch. In dem Buch geht es nur um die eine Frage: Kann ich da sein für mich? Wie kann ich Bewusstsein in die Welt bringen, wenn ich kein Bewusstsein habe für MICH? Das ist unmöglich.

Ich merke, dass ich ganz ruhig werde. Das ist eine authentische Antwort. Ich beobachte mit klarem Bewusstsein wie meine Gedanken eine direkte Wirkung haben auf meinen Atem, meinen Herzschlag, meine innere Erregung. Ich habe einen Schlüssel gefunden. ICH habe ihn gefunden, JETZT. Es geht nicht darum, ob ich der Menschheit etwas Neues zu erzählen habe, es geht um den Prozess. Es geht darum, die Welt der objektiven Fakten verlassen zu haben und in den Prozess eingetreten zu sein, den einzigen Ort der Heilung. JETZT. Es geht darum, Nähe zu mir zu fühlen mit all dem Chaos, das damit verbunden ist. Jetzt, wo ich sie fühle, die Nähe, empfinde ich sie als unendlich schmerzhaft. Der Schmerz ist größer als zuvor, ich habe Angst, mir platzt der Kopf, mein Magen zieht sich zusammen, mir ist eiskalt, Schuldgefühle überwältigen mich, ich darf nicht für mich da sein, ich muss für andere sorgen. Wertlosigkeit überfällt mich. Ich ohne die anderen, das ist NICHTS, ich bin nichts wert, ich bin nicht wert, am Leben zu sein, wenn ich anderen nicht diene. Jetzt habe ich eine noch viel größere Tüte voller Gespenster aufgemacht. Aber etwas ist anders: Ich bin da. ICH FÜHLE MICH.

Was für ein chaotisches, schmerzerfülltes Wesen voller negativer Energie ich doch bin. Wie können andere mich nur aushalten? Wie schwach, wie unwürdig, wie vergeblich ich doch bin. Was ich meinen Mitmenschen zumute, mit all dem, was ich hier schreibe, womit ich sie anstecke! Wie verantwortungslos! Ein riesiges Tor geht auf und ich sehe die ganze Dunkelheit, den ganzen unaufgeräumten Keller, all meine Unfähigkeiten und die unglaubliche Anmaßung, mit der ich sie überspiele, ich sehe die Hoffnungslosigkeit. Ich sehe, dass all das, was von außen auf mich zukam an Entwertung, all die Vorwürfe, all das Genervtsein, all das, was ich heldenmütig als nicht zu mir gehörig abgeschmettert habe, dass all das ICH BIN. Was für eine Erleichterung. Was für eine ganz und gar großartige Heilung, das bewusst erleben zu können, diesen Schmerz zu fühlen und zugleich das Bewusstsein.

Mein Körper spielt verrückt, aber diesmal verrückt wie ein kleines Kind, das etwas aufregendes Neues entdeckt hat.

Es sind die gleichen Gefühle, Schmerz, Verzweiflung, Hoffnungslosigkeit, aber diesmal erlebe ich sie mit Bewusstsein. Und das macht den Unterschied. Das verändert alles. In all dem Dunkel, in das ich hineingegangen bin, mit vollem Bewusstsein, habe ich einen Gedanken gefunden, der etwas verschoben hat, der den Prozess in Gang gesetzt hat. Der Gedanke war: Dass ich zuerst Nähe zu mir fühlen muss, bevor ich Nähe zur Welt finden kann. Dass dies meine Vision ist: Ich brauche Nähe zu mir selbst, zu meinem tiefsten Schmerz. Alles geht davon aus. Alles, was ich brauche, ist Bewusstsein. Das Bewusstsein finde ich in meiner tiefsten Angst, in meinem tiefsten Schmerz. Das Bewusstsein finde ich, wenn ich nicht ausweiche, nicht vor mir selbst und nicht vor dem Leben. Das Leben ist ein Bewusstseinslehrer. Wenn es mir gelingt, es ganz und gar anzunehmen, wie es ist.

Das Leben und nur das Leben kann mein Lehrer sein.

Etwas anderes, was ich gelernt habe: Ich kann diesen Prozess nur mit mir selbst machen. Ich kann niemand anderem erlauben, auch nur den Hauch einer fremden Energie in meinen Prozess fließen zu lassen. Nein, ich muss allein sein, denn ich will ja lernen, mich zu fühlen und nicht den anderen. Wenn ein anderer da ist, fühle ich die Beziehung, nicht mich. Mein einziger Zeuge in diesem Prozess ist die Sprache. Meine Disziplin, der rituelle Rahmen, der mir Halt gibt ist, ist mein Plan: 16 Tage, 12,5 Seiten.

Ich merke, der Prozess ist an ein Ende gekommen. 2 1/2 Stunden später. Ich bin in einem neuen Bewusstsein angekommen, das jetzt anfängt, sich zu integrieren. Ich fühle, wie es in mir arbeitet, ich muss nichts mehr hinzutun. Der Prozess trägt sich jetzt selbst. Ich fühle die Heilung. Ich fühle, dass die Arbeit gut war. Ich schaue aus dem Fenster meiner Tonne des Diogenes auf einen blauen Himmel. Das Licht fällt herein und ich fühle das Licht als Lebenskraft. Ich fühle MICH auf eine neue, mir noch nicht bekannte Weise. Mein System wird sich neu ausrichten. Nachher auf der Fahrt zum Stall oder irgendwann werden meine Gedanken ihre Figuren auf dem Schachbrett neu aufstellen. Darauf freue ich mich. Es werden Momente reicher Erkenntnis sein. Die Philosophin in mir wird Nahrung finden. Ich werde meiner Vision, in Worten, ein Stück näher kommen. Ich werde Worte finden, um meine Wahrheit, die die Wahrheit vieler ist, zu übersetzen für Menschen mit anderen Worten und Sprachen, aber gleichen Gefühlen. Der Prozess ist für uns alle gleich. Dort im Prozess begegnen wir uns wahrhaftig, dann, wenn wir wahrhaftig sind mit uns selbst.

Tag 6 – Liebe und Beziehungen

Ein neuer Morgen. Statt mit Angst wache ich auf mit einer Depression. Ist das ein Fortschritt? Gestern war alles so gut – und jetzt? Bin ich eingeladen, die ganze Palette an Reaktionen zu durchlaufen und alles, was in meinem unaufgeräumten Keller mit Staub bedeckt ist, umzudrehen und die goldene Unterseite nach oben zu kehren? Die Angst hatte den Vorzug, mich voranzutreiben. In der Angst hatte ich Angst, alles falsch zu machen, aber ich tat jedenfalls etwas: Ich floh.

Die Depression nagelt mich fest. Sie hängt wie ein Stück Blei an mir und macht mich bewegungsunfähig. Sie hat sich gestern schon angekündigt wie Sturmtief Emma und jetzt erfüllt sie mein Zimmer mit ihrem stinkigen Schwefelqualm. Ich merke aber, dass sie mich reizt zu galligen Kommentaren. Darüber hinaus fällt mir im Augenblick absolut überhaupt nichts Originelles ein.

Ich mache einfach weiter, dort, wo ich gestern aufgehört habe. Bei der Frage: Wie liebe ich mich eigentlich selbst? Meine Ohren schließen mich ein in einer Höhle, in einem Innenraum, in den keine äußeren Neuigkeiten eindringen sollen. Aber wie sieht es dort aus? Wenn ich mich genau beobachte, versuche ich andauernd aus der Höhle zu entkommen. Das Leben zeigt mir deutlich, wo es langgeht: Eine Höhlenwohnung über den Dächern von Stuttgart. Die Aufgabe, ein Buch zu schreiben, in dem es NUR UM MICH geht und eine Behinderung, die mich ganz auf mich zurückwirft. ICH HASSE ES!

Widerstand! ruft jetzt die spirituelle Lehrerin in mir. Damit kann man arbeiten, den kann man auflösen. Aber ihre Stimme ist auch blass geworden. Es ist mit sch...egal, ob ich hier einen Widerstand habe oder nicht. Ich will raus! Ich will zurück in mein altes Leben oder nach vorn in ein neues Leben, egal. Aber ich will nicht länger in diesem tauben Rangierbahnhof herumhängen. Sofort gehen meine Ohren so was von megamäßig zu. Die Muschel schließt ihre Schalen. Ich bin gefangen in mir selbst. Nein, ich will mich nicht umsehen! Oder umfühlen!

Ich bin eine totale Anfängerin

Ich schäme mich. Ich bin 54 Jahre alt und ich weiß nichts, kann nichts – jedenfalls nicht genug, um mit dieser Krise fertigzuwerden. Wie kann ich noch einmal irgendeinem oder einer meiner Klientinnen ins Gesicht sehen und behaupten, ich wüsste irgendetwas besser als sie selbst, wenn ich mir nicht einmal selbst helfen kann?

Pole Dance

Das Leben, mein Wahrheitslehrer, hat mich gestern zu einem Pole Dance Training geführt. Cecelia, eine meiner Mitbewohnerinnen im Amazonenstamm, erzählte mir davon und fragte, ob ich mitkommen würde. Cecelia ist 23, also ich bin mehr als doppelt so alt und ich war wirklich gerührt, dass sie mich fragte. Ich ging mit, weil es ein Abenteuer versprach. Ich hatte keine Ahnung, was mich erwartete. Ein Raum mit Metallstangen vom Boden bis zur Decke.

Pole Dancing ist eine Sportart, die man in Filmszenen sieht, die in Striptease-Clubs spielen. Die erste Frage, die uns die Trainerin stellte, war, ob wir unsere kurzen Hosen dabei hätten. Man braucht nämlich nackte Haut, um die Stange, nachdem man an ihr elegant hochgeklettert ist, elegant wieder hinunterzugleiten. Tolle, sexy Angelegenheit. Ein riesiger Spiegel, in dem man sich bei seinen Dance Manövern beobachten kann. Die Teilnehmerinnen junge Frauen mit tollen Figuren. Cecelia, meine Mitamazone sagt, sie wäre froh, dass ich mitgekommen wäre. Sie ist Französin und spricht nur gebrochen Deutsch, ich dagegen ganz gut Französisch. Ja, es macht mich glücklich an den Abend zu denken. Ich dachte, ich könnte aus dem Erlebnis ein deprimierendes "Ich bin so alt und unsexy-Jammern" machen. Aber, ganz überraschend, ist das Gegenteil der Fall. Jetzt fühle ich mich gleich ein wenig besser.

Godzilla im Keller hat es gehört!

ROOOOOOAAAAAARRRRR. Er erhebt sich. Hast du schon vergessen, dass du absolut nicht lebenswert bist? Dass du keinerlei Existenzberechtigung auf diesem Planeten hast, mit deiner alles verpestenden Energie, deinen miesen, düsteren Gedanken, deinen Beleidigungen, deinen unsinnigen Ideen, die niemanden interessieren, deinen Pseudo-Visionen, deiner aufgesetzten Fröhlichkeit! Bild dir bloß nicht ein, ich würde dir das abkaufen! ALLES LÜGE.

Fuck you, denke ich. Es war gut gestern, auch wenn ich mich wie eine Senfgurke um die Stange gedreht habe und eine junge Asiatin, die später dazukam, ihre Blicke nicht mehr von mir wenden konnte, weil sie wahrscheinlich meine Falten einzeln zählen musste, mit der Frage, wie es erlaubt sei konnte, dass ich in diesen Club der jungen sexy Frauen hereingelassen worden war. Vielleicht bilde ich mir das alle auch nur ein. Ich sage: Ja, Mädels, es braucht solche wie mich, damit ihr euch jung und powerful fühlen könnt und wisst, dass ihr auch in 30 Jahren noch Pole dancen könnt. Was für eine Aussicht!

Eins kann ich schon mal feststellen: Ich bin vielleicht nicht sanft mit mir, aber ich kann mich verteidigen. Auch gegen mich selbst! Es gab Zeiten, da hielt ich mich für eine unschlagbare Amazone. Die meiste Zeit meines Lebens sogar. Aber etwas ist schiefgelaufen. Und ich habe es zu spät bemerkt. Trotz meiner hellsichtigen Veranlagung habe ich es nicht gemerkt.

Ja, ich wusste schon vorher, dass die Pole Dance Trainerin rosa Söckchen tragen würde. Ich wusste, dass mir im Kino abends eine bestimmte Bekannte über den Weg laufen würde. Wo ist meine gottverdammte Hellsichtigkeit jetzt, wo es darum geht, mir ein neues Leben zu erschaffen, eines, wo ich nicht andauernd von der nächsten Brücke springen will – wo meine Selbstverteidigungskraft mich dazu bringen könnte, dem Sch...leben zu zeigen, dass ich mir DAS nicht bieten lasse. Was auch immer DAS ist. Dass ich meine Mittel habe – und wenn es der Sprung von der Brücke ist.

Ich bin eine Abtrünnige

Mit 54 kann ich auf ein Leben zurückblicken und Selbsterkenntnis gewinnen, die auf Tatsachen beruht. Diese Fakten würde ich zu einer Geschichte flechten, die ein gewisses Bild ergibt: Ich war ein schlaues kleines Mädchen und musste mich nicht wirklich anstrengen, um immer die besten Schulnoten zu haben. Was ich auch anfing, ich war gut darin. Ich war auch nicht hässlich oder verklemmt, ich hatte Boyfriends und Liebhaber. Ich hätte Medizin, Jura oder etwas anderes studieren können, das mir eine sichere Zukunft beschert hatte, aber mich interessierte nur eines wirklich: Der kreative Prozess. Ich war 23 Jahre alt, lebte in Berlin Kreuzberg und legte einen Schwur ab, für den ich vielleicht eines Tages den Preis bezahlen muss – und es auch tun werde. Der Schwur lautete: Ich gehe den Weg der Künstlerin – um den Preis meines Lebens.

Mir war bewusst, dass Kunst unter Umständen brotlos war. Der Weg begann und ich lernte die Formel meines Lebens kennen: Ich wusste genau, was ich wollte, aber das passte nicht in den Mainstream. Ich studierte an einer der renommiertesten Kunstakademien Deutschlands mit hochkarätigen Lehrern, aber die akademische Kunst war mir zu leblos. Ich hatte Angebote an einem staatlichen Theater zu arbeiten, aber ich wollte Freies Theater machen und meine eigene Theatergruppe haben. Ja, ich gab mich einige Jahre dem Mainstream hin und es lief ganz gut, aber es machte mich unglücklich und meine Texte verloren das Leben. Ich hatte den besten Agenten Deutschlands, aber ich war zu eigensinnig, um zu schreiben, was er vorschlug und was die Verlage wollten.

Ich war behaftet mit dem Makel der erfolglosen Künstlerin, aber das betrübte mich nicht wirklich, denn das Leben schenkte mir genügend Zeit und Raum und die Unterstützung eines wundervollen Mannes, um das Buch zu schreiben für das ich auf diesen Planeten gekommen war: "Epona – Die Pferdegöttin".

Währenddessen baute ich ein größeres Unternehmen auf, das pferdegestützte Persönlichkeitsentwicklung anbot und Menschen auf den Weg zu sich selbst brachte in der klaren und unbestechlichen Kraft, die man bei Tieren und in der Natur findet. Ich habe das Aufwachsen von zwei einzigartigen phänomenalen Kindern miterleben dürfen, die für mich mehr als jedes Kunstwerk das Wunder des Lebens verkörpern und ich durfte 30 Jahre an der Seite eines phänomenalen Mannes, Vaters, Beschützers, Förderers und Liebenden verbringen. Was meine Familie betrifft, bin ich nicht abtrünnig geworden, sie ist immer noch da. Nur der Mann und Liebhaber nicht mehr. Unsere Wege haben sich voneinander entfernt. Nicht weil ich es gesucht habe ... Das Leben hat mir diesen Brocken vor die Füße geworfen. Und egal wie oft ich gegen diesen Fels trete, er bewegt sich nicht. Ich bin jetzt wieder dort, wo ich mit 23 Jahren war und mein Gelübde ablegte.

Ich gehe den Weg des kreativen Prozesses – um den Preis meines Lebens.

Ob das Leben mich tragen wird, ist eine Frage des kollektiven Bewusstseins. Ich fühle mich wie eine Schläferin, eine Kriegerin, die von kollektiven Kräften in Warteposition gehalten wird und erst dann, wenn der Augenblick da ist, zum Einsatz kommt. Manchmal habe ich die Ahnung, dass alles, was mir widerfährt, Bewegungen auf einer höheren, kollektiven Ebene entspricht. Ich habe nicht nur die Ahnung, es ist sonnenklar, dass wir viel weniger Einfluss und Kontrolle über unser Leben haben als wir das, unserem Bedürfnis nach Sicherheit entsprechend, gern hätten. Da befinde ich mich wohl jetzt in so einem Vakuum, wo es meine Aufgabe ist, die entsprechenden Befehle von oben zu erhalten, sie zu verstehen und umzusetzen. Dazu zähle ich auch dieses Buchprojekt.

Es geht mir besser jetzt. Ich FÜHLE mich besser.

Ich fühle, wie ich das Göttliche berührt habe. Ich sehe an meiner Geschichte, wie sich alles gefügt hat. Ich habe das viele Jahre mit großem Bewusstsein erlebt. Es ist nicht so, dass diese Erkenntnisse vollkommen neu sind für mich. Ich muss sie nur in einer vollkommen neuen Dimension erfahren. Das ist die Herausforderung.

Ich habe recht viel Erfahrung auf dem spirituellen / kreativen Weg, ich gehe ihn ja schon ein Leben lang, und gebe ihn an andere weiter. Ich bilde Trainer darin aus. Und doch steht für mich jetzt ein neuer großer Schritt an. So groß, dass alles, was ich bislang weiß und kann, daran versagt.

Ich habe diese Situation selbst erschaffen, sagt man.

Das ist eine provokante These. Wenn ich sie ernst nehme, folgt daraus, dass Menschen ihre Krankheiten, ihr Unglück, ihre Unfälle selbst erschaffen. In letzter Konsequenz ist das ein Ausdruck menschlicher Hybris und unseres menschlichen Sicherheitsbedürfnisses. Was auf der Ebene des Sonnensystems oder der Galaxien vor sich geht, können wir nur bedingt beeinflussen und doch sind wir von den Auswirkungen betroffen. Wir sind all das. Wir sind das Sonnensystem, wir sind der Unfall und die Krankheit und wir suchen unseren Platz in diesen Realitäten.

Erschaffen wir überhaupt irgendetwas?

Das wage ich zu bezweifeln. Sicher funktioniert Kreativität nicht, wie das Aufeinandersetzen von Bauklötzchen, um einen Turm zu bauen. Kreativität ist ein Bewusstseinsvorgang. Und vielleicht hat der Stand der Planeten mehr damit zu tun, ob wir ein gutes Buch schreiben oder einen sexy Pole Dance hinlegen als alles andere. Diese Aussage erzeugt eine tiefe Ohnmacht in mir, aber es gibt auch einen Teil in mir, der die große Freiheit darin erkennt. Nicht die Freiheit von Verantwortung, sondern die Freiheit von Schuld.

Ich erkenne als meine tiefste Aufgabe, mich diesem Bewusstsein zu nähern. Dem Bewusstsein, dass wir geschaffen werden und dass dies unsere Glückseligkeit ist.

Damit berühre ich einen Kern meiner gegenwärtigen Krise, die ich ab sofort nicht mehr Krise, sondern **Herausforderung** nenne und wenn alles gut geht und das unberechenbare Wunder sich einstellt, werde ich sie **Glücksfall** nennen. (Davon bin ich weit entfernt und allein der Gedanke erscheint mir anmaßend.)

Als Künstlerin erlebe ich mich natürlich als unendlich kreativ, aber wenn ich meine depressive Seite einmal sprechen lassen darf, jene Seite, die wir Künstler mehr als alles andere – und zu unserem Schaden – verleugnen ... dann weiß ich, dass von allen beruflichen Tätigkeiten die

Künstlerische zu den am wenigsten steuerbaren gehört. Sie ist ebenso unberechenbar wie die Tätigkeit des Mystikers, des Heilers, des Priesters, des Therapeuten und all derer, die mit Tieren und Natur zu tun haben.

All diese Tätigkeiten, die sich auf den kreativen Prozess beziehen, sind letztlich von einer einzigen Quelle gespeist: Bewusstsein.

Jeder von uns ist ein Künstler, ein Mystiker, ein Heiler und Therapeut und alle unsere Tätigkeiten kommen aus einer Quelle.

Wir alle brauchen die Fähigkeit, hinter den alltäglichen Situationen, in denen wir stecken, das Wirken einer anderen Kraft zu erkennen. Denn nur so können wir Teil des Lebens werden.

Große Schutthaldeplätze abzubauen

Es fällt schwer, solche mystischen Überzeugungen und Gefühle aufzuschreiben, mir jedenfalls, weil ich schon mein Leben lang den Preis dafür bezahle. Ja, hier habe ich ein ausgeprägtes Opferbewusstsein. Auch die Trennung von dem Menschen, der mir am meisten bedeutet, der mich am meisten unterstützt und geliebt hat, war ein solches Opfer. Ein zu großes Opfer. Ein Grund von der Brücke zu springen. Ich bin jetzt allein und der Schmerz meiner Einsamkeit hat damit zu tun, dass ich mit meinem Bewusstsein, das meine einzige Möglichkeit zur Heilung darstellt, das verliere, was mir am meisten Halt gibt, mich trägt, mich glücklich macht.

Hier entsteht noch eine ganz andere Frage: Kann ich es verantworten, andere Menschen zu unterrichten auf einem Weg, der mir selbst so viel Unglück eingebracht hat, wie ich es im Augenblick empfinde? Sollte ich nicht lieber meine Energie darin investieren eine 54-jährige sensationelle Pole Dancerin zu werden? Mit der nötigen Willenskraft wäre da sicher etwas möglich, aber nicht mit einer Mission wie meiner. Meine Mission führt gnadenlos in eine andere Richtung und im Moment in den freien Fall.

Was ich jetzt brauche ist Kraft

Wenigstens so viel, dass ich das Tagesziel für heute erreiche, die 12,5 Seiten.
Auf alle Fälle kann ich sagen, dass ich mich jetzt fühle.

Ich fühle ein echtes Sein, ein bewusstes Sein, ein Ich, auch wenn es in einer energetischen Häckselmaschine feststeckt.

Ich wollte über Liebe und Beziehungen schreiben und ich schreibe über mich selbst. Weil es ohne mich, ohne ein authentisches Selbst, keine Beziehung gibt. Deshalb bin ich von der Welt abgeschnitten. Deshalb finde ich keine Beziehung, deshalb fühlt sich alles fremd an, weil ich mir selbst fremd bin. Das hat nicht das Geringste zu tun mit all den wundervollen Menschen, von denen ich im Augenblick umgeben bin. Ich lerne die Menschheit gerade von ihrer allerbesten, hilfsbereiten, einfühlsamsten Seite kennen.
Ich habe sehr gute Freunde, Familienmitglieder, die für mich da sind und das in einer selbstlosen, ganz und gar aufrichtigen Weise. Ich nehme das alles wahr und es gibt mir einen Schutz, ohne den ich wahrscheinlich tatsächlich schon von der Brücke gesprungen wäre. Zu mir selbst finde ich jedoch nur ganz allein.
Ich werde neue Verbindung finden, in all meinen Beziehungen, denn ich werde jemand anderes sein, wenn ich dies alles überleben sollte. Es wird Menschen geben, die mich sehen und verstehen werden. Ja, es gibt viele gute und starke Menschen und mein neues Ich wird sie finden,

wenn ich wieder hören kann oder nicht hören kann – egal, was geschieht. Ich bin nicht wirklich abgeschnitten, ich fühle alles noch, die Liebe ist noch da, nur ich bin eingehüllt in einen Kokon der Stille.

Das Trauma kehrt wieder.

Ja, in den letzten Abschnitten habe ich mich ganz vorzüglich hineingeschrieben in eine Stimmung, in der alles wundervoll ist. Genau genommen in mein altes Ich. Bis zu dem Punkt, wo ich auf eine fette Schreibblockade stoße, nämlich JETZT. Etwas in mir sagt: Du hast eben nichts mehr zu sagen. Dieses Buch ist ohnehin auf Sand gebaut. So viel deprimierende Innenschau. Gibt es nichts Lustigeres? Einer der Anlässe für die Schreibblockade ist, dass das Internet nicht geht und ich nicht die gewohnte Chillout Playlist Spanish Guitar laufen lassen kann. Ja, so kleinlich ist mein kreatives Ich.

Ein ärgerlicher kleiner Gnom in mir sagt: "Ohne die Spanish Chillout kannst du sowieso nicht schreiben. Und du weißt ja, das Leben hat es darauf angelegt, dir alles wegzunehmen, Stück für Stück. Was bildest du dir ein? Gib auf! Leg dich auf dein Schlafsofa und konfrontiere dich mit den Realitäten. Du verschwendest deine Zeit. Es wäre besser, du würdest dich ein wenig erholen. Für dich sorgen, dir etwas Gutes tun, anstatt dich zu diesem Par Force Ritt durch 200 Seiten Text zu zwingen."

"NEIN", antworte ich. "Ich werde es schaffen. Niemand hält mich auf. Ich habe eine Vision. Die Götter, das Universum, meine Krafttiere sind mir zugeneigt. ICH FOLGE EINER MISSION."

"Seien wir doch mal ehrlich", antwortet Fridolin. **"Endlich wirst du dir über deinen bodenlosen Narzissmus bewusst. Das ist auch der Grund, warum du verlassen wurdest. Allen ist das bewusst außer dir."**

Das trifft mich – und auch wieder nicht. Ist jeder, der einer Mission folgt ein Narzisst? Mahatma Gandhi? Martin Luther King? Bin ich selbstgerecht? Selbstverliebt? Rücksichtslos? Gehe ich über Beziehungsleichen, nur um einer haltlosen Vision zu folgen, die wahrscheinlich schon Tausende, in klarerer Form aufgeschrieben und verbreitet haben?

"Exakt. Die Buchläden und das Internet sind voll von Büchern über genau den Quark, über den du schreibst. Und die Leute, die diese Bücher schreiben, möchtest du die kennenlernen? Nein. Das sind genauso gnadenlose Narzissten wie du es bist. Dein einziger Vorteil ist, dass du jemand hast, der dir die Augen öffnet – MICH. Schreibe ein Buch über die ganze Lügerei, die in der spirituellen Szene verbreitet wird, über die Kübel voller rosa Soße, über den gelb-grün-hellblauen Zuckerguss, der über alles gegossen wird, bis allen schlecht ist. Schreibe die Wahrheit!"

"**Das tue ich doch, verdammt!**" Er verstummt.

Uff. Ich bin ihm dankbar. Auch so eine Sache, die mir fehlt, jemand zum handfesten Streiten. Aber Halt! Du bleibst jetzt schön in deiner Höhle und streitest mit dir selbst, oder mit Fridolin. Du hast es versiebt mit den menschlichen Beziehungen und du räumst jetzt erst einmal in deinem eigenen Keller auf – Okay!

Ja, ich habe es versiebt, in der Liebe und in meinen anderen Beziehungen auch. Wenn ich ehrlich bin geht das schon länger so. "Eine Krise ist eine verspätete Transformation", sagt Laura Day, deren klare Ansagen in ihrem Buch "Willkommen in der Krise" mir eine echte Hilfe sind. Eine Transformation, die wie ein Meteorit vom Himmel gefallen ist, weil ich, die berühmt-berüchtigte-hochsensible Spirit Lehrerin und Pferdeflüsterin die Anzeichen übersehen habe. Ich habe sie übersehen, weil ...

Die Antwort darauf muss ich noch finden. Auf alle Fälle ist klar: Ich bin schuld.

Ich muss wissen, welche Abhängigkeiten, welche Selbsttäuschungen, welche Selbstmythen mich davon abgehalten haben, zu sehen, was wirklich ist. Wenn ich das nicht verstehe, werde ich mein Unglück wiederholen. Ich kann noch so viel Bewusstseinstraining absolvieren, mein Problem liegt im Bereich der Beziehungen und der Liebe. Und auch wenn ich nichts falsch gemacht habe, wenn ich keine Verantwortung dafür habe und alles Gesetzmäßigkeiten unterliegt, auf die ich keinen Einfluss habe – ich möchte ein Bewusstsein finden, in dem ich mit mir selbst wieder im Frieden bin. Dazu bin ich in der Tonne des Diogenes, in der Höhle der Initiation. Um Frieden zu finden. Nicht mit anderen, sondern mit mir selbst.

Fridolin, der auf der Kante meines Schreibtischsekretärs sitzt, lacht. Er sitzt dort, seit ich ihn aus Amsterdam mitgebracht habe. Er trägt einen spitzen brauen Zauberhut, einen Umhang, der vor der Brust geknotet ist und nach vorn spitz zulaufende Wanderschuhe. Seine Haut ist grün, wie es sich für ein gelocktes Naturwesen gehört. Im rechten Arm trägt er eine große geschlossene Blüte, in der linken Hand eine Kristallkugel. Einmal ist er heruntergefallen und hat sich ein Porzellanbein gebrochen. Jetzt habe ich ihn mit doppelseitigem Klebeband sitzfest gemacht. Ich habe ihn heute zum ersten Mal sprechen hören. Ist natürlich nur eine Projektion, etwas das ich in ihn hineinlege, um mich mit mir selbst zu unterhalten, höre ich euch sagen. Aber, Leute, wenn wir in einem Universum leben, in dem alles zum Sprachrohr des göttlichen Willens werden kann, dann gestehe ich auch Fridolin ein eigenes, selbstbestimmtes Wesen zu.

Der Pilgerweg

Heute wird mir bewusst, dass ich auf einer Reise bin, ICH FÜHLE DIE REISE. Ich fühle, wie ich einen Schritt vor den anderen setze, Wort für Wort. Es ist der 6. Tag von 16 Tagen. Der Aufbruch liegt hinter mir, ich bin am Ende des ersten Drittels und nähere mich der Mitte der Reise. Die Reise hat eine Struktur. Sie ist nicht offensichtlich, aber ich fühle sie. Da ich seit Jahrzehnten Geschichten schreibe, emotionale Reisen, kenne ich den Ablauf. Aufbruch, innere Ausrichtung der Reise, ganz untertauchen in der Reise, zerrissen werden, Transformation und ein neues Ich – oder Happy End. Das gilt für Geschichten, das gilt für spirituelle Reisen, für alle Arten von Transformationen. Ich weiß, wann eine Reise unvollständig ist und wann abgeschlossen. Ich unterrichte es seit vielen Jahren, in dieser Kunst bin ich sicher. Ich weiß auch, dass die Reise unvorhersehbar ist. Die Struktur schafft den Rahmen, sie ist das Ritual. Sie bestimmt den Ablauf. Die Reise trägt, genau wie das Ritual trägt. Ich spüre es jetzt zum ersten Mal: Die Reise trägt mich. Wie lange, das weiß ich nicht. Aber JETZT in diesem Augenblick trägt sie mich. Jetzt, in diesem Augenblick, fühle ich mich, nicht als etwas Festes, als eine definierte Identität, sondern als etwas sich Wandelndes, als Reisende, als Nomadin, die kein Zuhause mehr hat, oder vielleicht eines, das sie noch nicht kennt.

Tag 7 – Ich habe begonnen zu reden

6 Tage sind vergangen, in denen ich nicht weitergeschrieben habe. In den 6 Tagen habe ich Schreibseminare abgehalten. Meine Seminare für Autoren sind nicht die üblichen. Meine Themen sind "Die spirituelle Reise des Autors", "Schamanisches Reisen für Autoren" und "Emotional Schreiben". Ich halte mich am Rand des bekannten Wissens und der bekannten Erfahrung auf und zu mir kommen Menschen, die sich dort wohlfühlen, die neugierig sind und ein Stück weiter ins Unbekannte reisen wollen. Dazu gehört, dass auch ich, die Seminarleiterin alles Bekannte hinter mir lasse.

Die einzige Fähigkeit, die mir erlaubt, eine Reiseleiterin zu sein, ist die Augenblickskunst, die ich seit Jahrzehnten trainiere.

Zu mir kommen Menschen, die mir sagen, dass sie keine Lehrer mehr finden können, dass sie sich jenseits von allem Bekannten aufhalten, dass sie Antworten und Wege suchen, die es nirgendwo anders gibt. Das gibt mir Kraft, auch wenn ich diese Kraft zurzeit nur als weit entferntes Echo fühle. Aber etwas passiert in den 6 Tagen mit diesen wundervollen Menschen, die in meine Seminare kommen: Ich rede.

Genau wie ich begonnen habe, zu schreiben, rede ich jetzt einfach. Noch mehr als zuvor, spreche ich von der Wahrheit. Noch mehr als zuvor konfrontiere ich die Menschen mit ihrer Wahrheit, die ich in meiner erkenne. Ich habe Sehnsucht nach dem Tod und ich lasse diese Menschen spüren, wo auch sie, ohne, dass es ihnen bewusst ist, unterwegs sind zum Tod und nicht, wie sie meinen, zum Leben. Die Texte, die sie schreiben, zeigen es. Und ich, die ich den Unterschied fühle wie nie zuvor, erkenne es und spreche es aus, ohne Schonung.

Die Schonzeit ist vorbei.

Regina sagt, dass sie einmal eine erfolgreiche Autorin war, aber seit Jahren ihre Kreativität und Lebenskraft verloren hat. Vor Jahren wurde sie von einem Drehbuchproduzenten ausgenutzt, der sie mit dem Versprechen auf einen Vertrag und eine Verfilmung immer neue Versionen ihrer Geschichte schreiben ließ, so lange bis nichts mehr von ihr in der Geschichte enthalten war.

Thomas erzählt, dass er für eine spirituelle Zeitschrift schrieb und dass das Schreiben ihm einen neuen Zugang zur Spiritualität geöffnet hat, dass die Redaktion der Zeitschrift aber alle Texte, die er als authentisch empfand, abgelehnt hat. Das führte dazu, dass er selbst nicht mehr weiß, wann seine Texte Kraft haben oder nicht. Thomas schreibt, nach einer schamanischen Reise zu seinem Krafttier, einen Text, der uns so sehr berührt, dass wir lange Zeit schweigend dasitzen.

Alle 3 Seminare und die Menschen, die gekommen sind, zeigen mir, wie verletzt die Wahrheit ist und wie stark sie ist, wenn man ihr Raum gibt. Etwas in mir, das fühle ich, hat angefangen zu leben. Ich habe es nicht gesucht – oder doch?

Die verbotenen Worte

Ich merke, dass das disziplinierte Schreiben der letzten Tage, etwas gelöst hat. Ich rede ... Wahrheit. Mein Mund ist sehr verhärtet. Es ist mir seit dem traumatischen Schock nicht möglich wirklich zu lachen. Die

Muskeln um meinen Mund sind fest. Sobald ich ansetze zum Lachen, ziehen sie sich zusammen. Aber eines kann ich: Reden! Die Situation im Seminar, in dem die Menschen in einem Kreis aus Sesseln um einen Tisch herum sitzen, ist schwierig für mich, denn ich höre sie nicht. Ich höre nur, mit Mühe, denjenigen, der neben mir sitzt. So wandere ich zu jedem, der spricht und lausche. Auch wenn es mich schier unmenschliche Konzentration kostet, zu hören, was gesagt und vorgelesen wird – ich bin so wach wie nie. Die Seminare strengen mich nicht an. Eine andere Kraft ist in mir aktiv. Adrenalin? Überlebensinstinkt? Sicherlich. Mehr noch ist es eine Wahrheit, die sich zeigen möchte. Und sie beginnt damit, dass ich rede.

Ich rede, um die harten Muskeln meiner Lippen, in denen so viele gefährliche Worte gefangen sind, weich zu machen.

Ich rede, um meinem rasenden Herzschlag etwas noch Rasenderes entgegenzusetzen: Meine Wahrheit, ausgedrückt in Worten.

Ich rede, um meinen Ohren, die sich verschlossen haben, zu sagen, ihr müsst mich nicht länger schützen, ich trete für mich selbst ein.

Etwas beginnt sich zu lockern.

Zum ersten Mal fühle ich deutlich den Zusammenhang zwischen meinen Gefühlen und Gedanken und meiner körperlichen Verfassung. Bisher waren es nur vereinzelte Momente und eine Hypothese, dass es einen direkten Zusammenhang gibt. Bisher hatte der Ohrenarzt mit seiner Aussage: "Ein Zusammenhang zwischen Hörminderung und Stress ist wissenschaftlich nicht nachgewiesen" einen Platz in meinem Wahrheitskosmos. Jetzt antwortet etwas in meinem Körper auf meinen Geist. Es ist, als würden zwei getrennte Einheiten einen zarten Kontakt finden. Es ist, als würde ein Raumschiff, das verloren im Weltall kreist, einen Funkkontakt zu Mutter Erde finden. Die Verbindung hält für kurze Momente an, dann verschwindet sie wieder. Ich kann hier nichts steuern, aber es einmal erlebt zu haben, ist der Strohhalm, an dem ich mich vielleicht aus dem Sumpf ziehen kann.

Der Beton bröckelt und dahinter explodiert etwas.

Zuerst sind es feine Berührungen mit etwas, das sich wie Wirklichkeit anfühlt. Es ist ein Gefühl von Lebendigkeit, das in meinem abgeschotteten Raum eindringt. Ein Gefühl, in so etwas wie Leben zurückzukehren, auch wenn ich das gar nicht beabsichtigt habe. Mein Wille ist immer noch ausgerichtet darauf, das Leben zu verlassen. Es ärgert mich sogar, dass es besser geht. Ich will nicht dorthin zurück. Dort wo ich war, dort wo Wirklichkeit war, habe ich ja schon beschlossen, zu gehen. Es macht überhaupt keinen Sinn, dorthin zurückzukehren. Aber wohin sonst? Gibt es ein Leben jenseits von dem, das ich gekannt habe? Das kann ich mir nicht vorstellen. Das Leben, habe ich gelernt, ist ein unsäglicher Schmerz, der nur einen Wunsch in mir weckt: Zu sterben. Und das werde ich nie vergessen. Leben ist gleichbedeutend mit Todeswunsch. Ich atme noch, in meinem abgeschlossenen Raum, aber das sind mehr oder weniger Körperfunktionen, die Herrschaft meines Stammhirns. Meine Psyche, meine Seele, sie haben sich zurückgezogen. Wenn sie überhaupt etwas wollen, dann Tod.

Jetzt bemerke ich aber etwas anderes. Mit der ersten zarten Lebenskraft kommt eine brutale Wut. Damit habe ich nicht gerechnet.

Wer ist mein schlimmster Feind?

Im Seminar mache ich eine geführte schamanische Reise, in dem die Reisenden ihrem ärgsten Feind begegnen. Welcher Feind sich dabei zeigt, ist offen. Ziggs, beim Anleiten der Meditation passiert es mir, dass ich selber tief in der Reise verschwinde. Weil ich mich in meinen Seminaren dem kreativen Prozess vollkommen hingebe, erwischt er mich manchmal heftig. Es geht um mein Überleben.

Wenn du möchtest, lieber Leser, kannst du den Prozess mitmachen, er ist sehr wirkungsvoll. Du musst dir nur etwas zum Schreiben besorgen und den Fragen und Anweisungen folgen.

Diese Reise in die dunkelste Finsternis war bislang mein größter Heilschritt.

Hol die Kraft deiner Projektionen zu dir zurück.

Du beginnst damit, dass du deine Aufmerksamkeit auf deinem Atem lenkst. Du beobachtest deinen Atem, du veränderst ihn nicht. Du erlaubst deinem Atem genau so zu sein, wie er ist. Du TUST nichts. Kannst du das spüren? Ja oder Nein? Kannst du deinen Atem wirklich in Ruhe lassen? Der Atem ist ein präzises Abbild deiner momentanen Verfassung. Wenn du etwas über dich erfahren willst, musst du nur bewusst atmen.

Gegenwärtigkeit heißt Prozess.

Der Atem zeigt auch, dass es keinen Stillstand gibt. Es geht immer weiter. Einatmen, ausatmen. Der Atem zeigt, dass sich alles stets verändert. Mit jedem Bruchteil eines Atemzuges bewege ich mich entweder auf das Leben zu oder auf den Tod. Der Atem zeigt, dass ich nichts tun muss, er funktioniert von alleine. Auf gewisse Weise atme ich nicht, sondern ich werde geatmet. Ich werde geatmet vom Leben selbst. Nicht nur vom Leben und Überleben, sondern auch von der Wahrheit und von der Verbindung zur Welt. Vom Geist und von der Liebe.

Lass dich ganz hineinfallen in deinen Atem und in die Wahrheit, die er ans Licht bringt. Um Wahrheit und echte Kraft zu finden, musst du aufhören, das zu tun, was du immer tust, zum Beispiel denken. Nur etwas, das sich jenseits deines Denkens befindet, kann dich wieder mit dem Leben verbinden.

Hier in deinem Raum des Atems, im Raum des Lebens und im Raum der Wahrheit kannst du etwas finden, das dich ins Leben bringt, in die Verbindung. Bist du da? Im Raum deines Atems, indem nichts da ist außer dem Ein- und Ausatmen, genau so wie es ist?

Um Verbindung zu finden musst du finden, was deine Verbindung verhindert. Etwas, was du gefühlt hast, was du erlebt hast, hat die Verbindung abgeschnitten. Etwas hat dir eine Wunde zugefügt und der Schmerz der Wunde absorbiert deine Kraft. Die Wunde hindert dich daran, die pure, reine Verbindung zum Lebendigen zu fühlen. Sie hindert dich daran, frei zu lieben, dich selbst und andere. (Es ist interessant, dass ich mich schon zum zweiten Mal vertippe und "Wunder" schreibe, statt "Wunde".)

Ich will herausfinden, welche Kraft in meinem Trauma eingeschlossen ist, um sie zu befreien.

Ein Trauma, das habe ich gelernt, ist eine Erstarrung der Lebenskraft und eine Einengung der Wirklichkeitswahrnehmung. In einer Einweihung oder Initiation wird diese Abtrennung von der bekannten Wirklichkeit genutzt, um dem Eingeweihten Zugang zu einer neuen Identität und neuen Fähigkeiten zu ermöglichen, zum Beispiel, um Krieger zu werden oder Vater. Ein Trauma ist ein verunglücktes, unbewusst erlebtes Ritual der Einweihung. Diese Kraft der Einweihung möchte ich bewusst machen. Dazu muss ich wissen, was tatsächlich geschah, was mein Bewusstsein ausgeblendet hat, weil es zu unerträglich oder zu verboten war.

Ich lade meinen ärgsten Feind ein, sich zu zeigen, meinen größten Widersacher. Ich halte ihn nicht mehr fern, ich gewähre ihm vollen Zugang zu meinem inneren Raum. Ich nehme jeden Widerstand zurück.

Hier im Raum des Rituals bin ich geschützt. Ich bin eine erfahrene Ritualreisende, ich weiß, dass die Energie des Rituals mich und die anderen Teilnehmer schützt, dass wir durch unsere gemeinsame Energie Schutz und Öffnung für die Heilung schaffen können.

Er erscheint. Eine Gestalt, schwarz gekleidet, eine ungeheure Aggressivität geht von diesem Monster aus. Ich erschrecke bis ins Mark. Ich wusste nicht, dass eine solche Energie in mir wohnt. Die Gestalt hat eine Peitsche in der Hand, eine lange schwarze Lederpeitsche. Diese Waffe kann mich sehr verletzen. Ich habe Angst, aber neben der Angst ist eine Erleichterung darüber, dass ich sehen kann, was mich im Verborgenen bedroht. Ich sehe, wie die dunkle Gestalt mit der Peitsche ausholt. Meine Angst schnürt mir die Luft ab, die Gewalt, die von diesem Gegenüber ausgeht, ist so groß, dass ich mich vollkommen ohnmächtig fühle. Jeder Lebenswille weicht von mir. Ich liege am Boden, ich habe nicht die geringste Kraft, mich zu wehren. Ich bin ausgeliefert. Hier, das spüre ich deutlich, ist das Trauma. Hier ist mein Todeswunsch, hier ist die Quelle meiner erstarrten Wirklichkeit.

Tief in mir habe ich die Erfahrung gemacht, dass das Leben mich zu Tode peitschen wird und dass ich nichts dagegen tun kann.

Ich sehe wie das schwarz gekleidete Monster mit der Peitsche ausholt.

Wer ist dein ärgster Feind? Wie sieht er oder sie aus? Welche Waffen hat er oder sie? Wie setzt er sie ein? Was fühlst du in dieser Situation?

Zu meiner Verwunderung trifft das Monster mich nicht. Die Peitsche erreicht mich nicht. Das gibt mir Raum, um weiterzugehen im Prozess. Ich habe zwar maßlose Angst und bin ohnmächtig in dieser Angst, aber ich werde nicht wirklich verwundet. Vielleicht habe ich auch Zugang zu einem Teil von mir gefunden, der nicht verwundbar ist. Dieser Teil von mir gibt mir Mut. Ich möchte sehen, wer das Monster ist. Nein, ich möchte keine Person finden, die mir Böses getan hat, ich möchte mich nicht rächen, zurückschlagen. Ich möchte Verwandlung erleben, ich möchte eingeweiht werden, ich möchte Zugang finden zu einer Kraft, die mich heilt, die mir mein Gehör wiedergibt, die mich die Verbindung zur Welt wiederfinden lässt.

Ich sehe, wie die Peitsche in der Hand meines Peinigers sich in eine Schlange verwandelt.

Die Schlange ist ein Symbol der Transformation. Sie ist seit vielen Jahren das Symbol meiner Arbeit und ich trage sie Tag und Nacht als Anhänger an einer Kette um meinen Hals. Der Raum der Transformation ist geöffnet.

In der Transformation werde ich ganz zurückgeworfen auf mich. Ich weiß, dass Transformation nur in meinem eigenen Raum stattfinden kann.

Die Aufgabe für dich: Bitte sieh dir deinen ärgsten Feind genau an. Schau, ob du irgendein kleines Detail finden kannst, das nicht in das Bild der Bedrohung passt. Etwas, das irritiert und auf etwas anderes verweist. Schau, ob sich etwas bewegt oder wandelt.

Während ich trommle, fordere ich die Seminarteilnehmer auf, ihrem Gegenüber, ihrem ärgsten Feind ins Gesicht zu sehen. Ja, ins Gesicht.

Ich fordere sie auf, im Gesicht ihres ärgsten Feindes, ihr eigenes Gesicht zu finden.

Das ist der Kern der Heilung: Ich mache eine äußere Realität, die mich bedroht, zu meiner eigenen. Nur wenn sie meine eigene ist, kann ich sie verwandeln.

Im Augenblick, in dem ich zur Gestalt meines ärgsten Feindes werde, geschieht die Verwandlung, geschieht das Wunder.

Auf einmal habe ich eine ungeheure Kraft.

Die Kraft, mit der mich zuvor mein Peiniger gequält hat, ist nun meine.

Jetzt kommt der Prozess richtig in Gang. Die Kraft meines Feindes, meine Kraft, treibt den Prozess voran.

Deine Aufgabe: Was passiert bei dir, wenn du dich in deinem ärgsten Feind wiedererkennst? Kannst du die Kraft deines Feindes in dir spüren? Kannst du sie aufnehmen und nutzen?

So geht es bei mir weiter: Die schwarze Gestalt mit der Peitsche wird, nun, da ich sie bewohne, zu einer Kriegerin mit einem Schwert. Die Kriegerin ist in eine metallene Rüstung gekleidet, ihre Kraft hat etwas Gnadenloses, Vernichtendes. Aber es macht mir jetzt keine Angst mehr. Ich will diese Kraft nutzen, um die Lähmung, das Abgeschnittensein, die Ohnmacht, in der ich feststecke, zu beenden. Ich weiß, es muss etwas geschehen, das stärker ist als ich es bisher bin. Und ich verfüge jetzt über die Macht meines Feindes, desjenigen, der zuvor stärker war als ich.

Ich bin jetzt zwei. Die Person, die geschlagen am Boden liegt und die

Kriegerin, die angetreten ist, zu vernichten.

Deine Aufgabe: Wie fühlt es sich für dich an, die Kraft deines ärgsten Feindes zu dir geholt zu haben? Fühlst du die zwei Seiten deiner Person: Eine mächtige und eine ohnmächtige?

Meine Kriegerin ist rasend, so furchterregend wie mein Feind – der sich übrigens verabschiedet hat. Er fällt wie eine leere Hülle ab und verschwindet. Ich bin jetzt er. Was hat die Kriegerin vor?

Der ohnmächtige Teil von mir ist ein Mädchen, das am Wegrand sitzt und sich nicht vom Fleck bewegen will. Die Kriegerin nimmt seine Hand und sagt: "Du musst jetzt mitkommen."

Aber das Mädchen weigert sich. "Ich kann nicht gehen", sagt es. "Mein Herz, das 30 Jahre neben einem anderen Herzen gewohnt hat, will nicht fortgehen."

"Das andere Herz ist schon lange weggezogen", sagt die Kriegerin. "Du hast nicht die Kraft, es zu halten."

"Aber ich muss doch für es da sein."

"Es braucht dich jetzt nicht mehr. Sonst wäre es ja noch da."

"Aber ich kann nicht alleine leben", sagt das Mädchen.

"Doch kannst du. Komm jetzt mit." Die Kriegerin wird ungeduldig.

"Ich will nicht."

Die Kriegerin packt das Mädchen an der Hand. "Komm jetzt!"

Das Mädchen weigert sich, stemmt sich gegen die Amazone.

"So geht das nicht", sagt die Kriegerin und zieht ihr Schwert. Ihre Geduld ist am Ende. Sie hat es freundlich versucht, aber wenn man sie nicht versteht, kann sie auch anders. Sie ist die Kriegerin. Mit wenigen, präzisen Schnitten, dringt ihr Schwert in das Herz des Mädchens vor und schneidet es heraus. An der Stelle ist jetzt ein blutendes Nichts.

"Was tust du mit meinem Herzen?", brüllt das Mädchen. "Ohne Herz kann ich nicht leben."

"Das wollen wir mal sehen."

Die Kriegerin hält das Herz des Mädchens in der Hand. Sie gräbt mit ihrem Schwert eine Grube, legt Blätter hinein und auf die Blätter legt sie das blutende Herz des Mädchens. Sie bedeckt es mit Blättern und Erde.

"Es nährt jetzt Tiere und Pflanzen", sagt sie. "Etwas Neues kann hier wachsen ... Und WIR GEHEN WEITER."

Ohne das Herz fühlt sich alles leichter an, merkt das Mädchen. Das Herz hat sie festgehalten an dem alten Ort. Es wollte nicht weggehen. Jetzt bleibt das alte Herz dort und der Körper geht weiter. Eine Katze, die das Mädchen gut kennt, taucht auf und bewacht das alte Herz, sie hütet es. Vor vielen Jahren hat das Mädchen die Katze aus einer schwierigen Situation befreit. Die Katze sagt: "Vor langer Zeit hast du mir ein neues Herz geschenkt und jetzt schenke ich dir eines. Geh jetzt."

Das Mädchen steht auf. Es blickt nicht zurück. Es weiß, es muss gehen. Die Kriegerin kennt den Weg. Das Mädchen vertraut ihr. Diese leere Stelle in der Brust tut verdammt weh. Wenn doch nur mein Herz noch da wäre, denkt es. Aber das Herz ist weg. Herausgeschnitten. Jetzt weint das Mädchen –über seinen eigenen Schmerz – und über das große Herz der Katze.

"Ich komme", sagt das Mädchen.

Sie wandern viele Tage. Das Mädchen hat Blasen an den Füßen, jeder Schritt tut weh. Aber die Kriegerin ist eisern. Sie treibt das Mädchen voran. Da ist eine große Leere in seinem Herzen und ohne die Hand der gepanzerten Frau würde es nicht weiterkommen. Das Mädchen studiert die Rüstung. Ein Harnisch aus hartem, glänzendem Metall, makellos geformt, umhüllt die Brust der großen, langbeinigen Frau. Ihr Herz ist geschützt, denkt das Mädchen. Und sie hat außerdem ein Schwert, um sich zu verteidigen. Das ist ein gutes Gefühl. Ohne sie wäre ich jetzt nicht mehr am Leben, denkt das Mädchen. Ich brauche sie, um weiterzugehen. Ohne sie schaffe ich es nicht.

"Du bist tapfer", sagt die Amazone. Sie dreht sich zu dem Mädchen um und lächelt. Das Mädchen ist überrascht. Sie hätte nicht gedacht, dass die Frau, die ihr vor kurzem das Herz aus der Brust geschnitten hat, lächeln könnte.

"Es war grausam", sagt das Mädchen.

"Ich musste es tun", erwidert die Amazone ohne jede Gefühlsregung. "Du wärst draufgegangen."

"Und wenn?" erwidert das Mädchen.

"Siehst du das Licht in der Ferne?"

Das Mädchen schaut nach vorn. Tatsächlich, da ist ein Feuer. Als sie näherkommen, sieht es, dass es ein großes Feuer ist. Um das Feuer sitzen viele Menschen. Sie lachen und reden, sie heißen das Mädchen willkommen und laden sie ein zu einem Teller Suppe und einer Tasse Kakao. "Wie gut das schmeckt", sagt das Mädchen und schaut sich um.

Die gütigen Augen vieler Menschen sehen das Mädchen an. "Und wir sind froh, dass du zu uns gekommen bist. Wir haben auf dich gewartet."

"Auf mich?", fragt das Mädchen erstaunt.

"Ja, auf dich."

"Aber wozu braucht ihr mich?"

"Wir lieben dich", sagen sie. "Unsere Herzen waren betrübt als wir sahen, dass dein Herz so schwer wurde."

"Jetzt habe ich gar kein Herz mehr", sagt das Mädchen.

"Es wird ein neues Herz wachsen."

"Da kann kein Herz mehr wachsen", sagt das Mädchen. "Ich möchte kein Herz mehr haben. Es tut zu sehr weh."

Das Mädchen blickt wieder in die Augen dieser gütigen Menschen. "Kann man ein Herz haben, ohne dass es wehtut?", fragt es erstaunt.

"Das Herz ist doch unsere größte Kraft", sagt eine Frau mit langen braunen Haaren. Ihr Blick ist weich und warm. Das Mädchen spürt, dass sich etwas regt in seiner Brust, ein zartes Pochen.

"Komm", sagt die Frau mit dem warmen Blick. Das Mädchen dreht sich um zu der Kriegerin, die hinter ihr steht.

"Geh nur", sagt die Amazone.

Das Mädchen streckt die Hand aus und legt sie in die ausgestreckte Hand der Braunhaarigen.

"Du wohnst jetzt bei mir", sagt die Frau mit den warmen Augen. "Wir werden für dein Herz ein neues Zuhause finden. Es wird wundervoll sein. Komm nur. Hab keine Angst. Alles ist gut jetzt."

Das Mädchen sagt: "Ich komme."

Ein Wunder, eine Heilung.

Am Abend des Tages, an dem ich diese innere Reise zu meinem ärgsten Feind gemacht habe und seine lebensvernichtende Kraft zu meiner eigenen gemacht habe, geschah ein Wunder.

Ich kam nach Hause vom Seminar, müde, aber erfüllt. Ich stand in meiner Tonne des Diogenes und räumte meine Sachen auf. Da öffneten sich auf einmal meine Ohren. Es war ein unheimlicher Vorgang. Zuerst hörte ich nur ein sehr lautes Knistern, als ob jemand in einem Raum mit großem Hall ein Papier zerknüllen würde. Jedes noch so kleine Geräusch im Raum hörte sich an wie ein lautes Krachen. Es war, als würden sich die Geräusche einen Weg suchen zu mir, in Form von unkontrollierten Klängen, und ich suchte einen Weg zu ihnen. Es war eine bizarre Begegnung, wie ein chaotisches Zurückkehren in die Wirklichkeit unter dem Vorzeichen, dass es nicht mehr so war wie zuvor, sondern dass etwas Neues entstand.

Ein Weg zur Wirklichkeit, aber zu einer vollkommen neuen. Darum ging es. Das Hören würde nicht zurückkehren, wenn ich das Alte wiederhaben wollte. Dann würde es sich gleich wieder verabschieden. Wenn ich aber bereit war, neu zu hören, würde es ein Wunschkonzert bereitstellen. Es war einer der glücklichsten Momente meines Lebens.

Ich lief in die Küche meiner Amazonen-WG und erzählte es allen. Immerhin hatten sie es mit mir ausgehalten, Frauen, die mich nicht kannten und mich in ihrer Mitte aufnahmen. Einfach nur großartig. Jetzt konnte ich ganz normal mit ihnen reden und Witze machen, darüber, dass ich bei meinen Skype Calls die Lautstärke so laut aufgedreht hatte, dass alle mithören konnten, dass ich ins Handy gebrüllt hatte, weil ich meine eigene Stimme nicht hören konnte. Es wurde ein sehr lustiger Abend. Seither kann ich nicht fassen, dass es möglich war, Heilung zu finden durch eine innere Reise. Ich habe mich selbst geheilt. Meine eigene Imagination, der Prozess, der in meinem Innern entstand, ohne dass ich etwas dazu tat. Ich verstehe jetzt, dass dies der Weg zur Heilung ist. Und dass die Erfahrung und alle Erkenntnisse, die sich daraus ergeben, weitreichende Auswirkungen auf mein Leben haben werden.

Vertraue bedingungslos deiner inneren Stimme und deinem Prozess, das habe ich erfahren.

Ich habe meine Geschichte geschildert und lade dich ein, deinem eigenen Weg zu folgen, nachdem du eine Kraft, die dich zu Boden gedrückt hat, zu dir nimmst und dir damit einen Weg in deine Kraft bahnst. Wo auch immer sie hinführen mag.

Tag 8 – Ich erlaube dem Leben alles

Ich sitze hier und suche nach einem Titel für das neue Kapitel. Ich erhalte eine Facebook-Nachricht, in der ich gefragt werde, wie es mir geht. Ich bin elektrisiert, wirklich gutes Timing und vielleicht der Einstieg in den neuen Schreibtag. Von wegen. Im nächsten Post erfahre ich, dass meine Facebook Seite gekapert wurde, von einer Porno-Seite, und dass alle meine Freunde gelinkt wurden. Jetzt bekomme ich viele Nachrichten von Menschen, die am Sonntagmorgen auf Facebook sind und geschockt sind von Porno-Fotos, die sie nie sehen wollten.

Wenn ich dem Leben alles erlaube, und das tue ich, denn das Leben ist sehr gut zu mir, seit ich in dieses Trauma gerutscht bin, dann muss ich auch das erlauben. Ich bin schon öfters gehackt worden, da ich mehrere Webseiten habe, habe auch schon größeren geschäftlichen Schaden erlitten durch Hacker-Angriffe – aber falle ich jetzt in mein altes Reaktionsmuster zurück? Adrenalin, Ohnmacht, Panikattacke, Weltuntergangsszenario, Armutswahn? NEEEEEEEIIIIINNNNN!!!!!

Heute Morgen bin ich zum ersten Mal seit langem aufgewacht, ohne in Angstschweiß gebadet zu sein. Wozu ich lange Zeit keinen Zugang hatte, nämlich Veränderung!, es ist passiert. Es verändert sich etwas. Meine körperlichen Reaktionen ändern sich. Ich lerne umzugehen mit dem Trauma und es antwortet. Auch wenn jetzt das Adrenalin wieder tobt ... heute Morgen war ich ruhig und ich werde so lange schreiben, bis ich wieder einen Schritt mache. Das Schreiben und die innere Arbeit sorgen dafür, dass sich etwas bewegt und das ist der Ausweg. Es muss sich etwas bewegen auf der Ebene, auf welcher das Trauma stattgefunden hat ... dort wo die Auslöser sind. Auch heute werde ich mich wieder auf die Suche machen nach der Präsenz. Sie gnadenlos aufspüren. Die Kriegerin ist jetzt an meiner Seite. Sie öffnet einen neuen Raum.

Wenn sich etwas ändern soll, bedeutet es, dass ich zur Anfängerin werden muss.

Die Kriegerin pustet mich weg.

Als spirituelle Lehrerin bin ich unterwegs zur inneren Stille, zu dem einen Ort in mir, an dem ich unberührt bin von äußeren Orkanen. Die Nicht-Anhaftung ist ein hehres Ziel für mich. Aber die ganze besch... Nicht-Anhaftung, in die ich hineingewachsen bin in den letzten Jahren hilft mir jetzt keinen Pfifferling. Die Kriegerin haftet an, sie wirft sich in den Kampf und schneidet wehrlosen Wesen das Herz heraus, um ihr Leben zu retten. Der Trojaner-Angriff heute Morgen ist eine passende energetische Resonanz. Das habe ich davon, dass ich so nah am Leben bin, dass es andauernd mit mir spricht, mir andauernd antwortet. Da muss ich bereit sein, ALLE Antworten zu hören. Das ist das Geschenk der Kriegerin, dass sie genügend Rüstung hat, um auszuhalten, was das Leben wirklich sagt. Meine Ohren toben schon wieder, gehen auf und zu, mal höre ich, in der nächsten Sekunde wieder nicht. Aber wisst ihr, was das Gute ist: Sie sind lebendig!!!! Sie reagieren überhaupt. Das war ja das Schlimmste, dass egal, was ich getan habe, nichts an der Taubheit gerührt hat. Diesen Zustand beziehe ich nicht nur auf mein Hörvermögen. Er hat mit meiner ganzen besch... Haltung gegenüber meiner Welt zu tun. Ich bin taub! Und das muss sich ändern. Ich war so taub, dass ich nicht mehr leben wollte und jetzt höre ich wieder etwas und es ist wie ein Wunder.

Ich höre nicht nur, ich habe wieder ein Gefühl von Realität. Ich fühle mich wie in einem Delirium, aber es ist ein gutes Delirium, ein Aufwachen in ein riesenmega Chaos, das sich vor mir auftut, aber ich habe das Schwert in der Hand, um das Falsche vom Echten zu trennen und ich trete an, diese Arbeit zu tun.

Es ist verrückt, dass heute Morgen so viele Menschen in meinem Leben sind, allein durch den Trojaner. Ich bin nicht allein und ich kann einen Trojaner besiegen. Gabriele Schmid, meine Freundin, ein echter PC Wizzard, hat ihn gefunden und in den Orkus geschickt. Ich kann mich wehren. Ich habe Mittel. Es ist das beste Gefühl seit Wochen und ich weiß, dass ich von hier aus, mein Leben radikal neu gestalten kann und dass dies der einzige Weg ist aus meinem Trauma heraus.

Der Anlass spielt schon längst keine Rolle mehr und das ist gut so. Ich bin nicht länger auf der Seite dessen, was mich beschädigt, sondern ich suche nach den Ressourcen, die mich nähren.

Das Trauma ist eine beschleunigte Transformation.

Es ist, als ob alles, was ich bisher gelernt und trainiert habe, auf meinem Weg mir jetzt zu Hilfe kommt und auf eine neue Ebene gehoben wird. Ein Trauma ist eine beschleunigte Transformation, das verstehe ich jetzt. Ich verstehe auch, dass wir im Trauma steckenbleiben, wenn wir diese Transformation nicht vollziehen. Die Transformation passiert so schnell, dass unser System nicht nachkommt. Aber allmählich fühle ich das Tempo. Das Trauma erfordert eine tiefe Transformation, tiefer als alles bisher Erlebte. Ich brauche Zugang zu einer Gefühlskraft, die meine bisherige übersteigt. Mit der bisherigen Gefühlskraft war ich ja angreifbar. Jetzt brauche ich eine Wut, die ich bislang nicht kenne. Kann ich sie aufbringen? Ich habe ja nicht einmal die Sprache dafür. Alles, was ich habe, sind Blockaden. Die müssen schleunigst weg.

Ich sehe Bilder vor meinen Augen von Menschen in meinen Workshops, die keinen Impuls hatten, einem Pferd, das sie herumschubst, eine Grenze zu setzen. Oft Menschen, die lange spirituelle Wege gegangen sind. Menschen, die sich in Gefahr bringen und immer noch mit Besänftigungsmustern reagieren. Zu diesen Menschen gehöre ich, auch wenn in mir eine Kriegerin ist, die Herzen herausschneidet. Ich wünschte wirklich, ich könnte wieder die liebliche, starke Frau sein, die alles versteht, alles mitträgt. Ich habe so viel mitgetragen, dass ich darunter zusammengebrochen bin. Ich habe dem Leben erlaubt, mich so sehr zu bedrängen, dass ich an den Außenrand gedrängt wurde, dass etwas in mir aktiviert wurde, wie ein Trojaner, das mich dazu brachte, über den Rand zu springen.

Wo ist der Virus?

Neue Informationen: Meine Hauptwebseite ist ebenfalls gehackt. Die Kriegerin hat die Feinde auf den Plan gerufen. Das ist okay. Ich bin todesmutig. Ich habe nichts zu verlieren. Es ist mir egal, ob ich weiterlebe. Ich bin schon gestorben. Niemand soll mir etwas erzählen vom Wert des Lebens, vom Glücklichsein, davon, dass alles wieder gut wird. Ich habe nicht die geringste Absicht in einer Welt weiterzuleben, die so verdreht ist, dass ich darin zusammenbrechen muss. Es ist vollkommen klar: Ich werde kein tauber Zombie sein. Und damit meine ich jetzt nicht das Hören. Damit meine ich DIE WAHRHEIT. Ich werde nicht länger süchtig sein danach, ALLES ZU TOLERIEREN und RUHIG und STILL zu sein, wenn ich von Lüge und Verrat umgeben bin. In erster Linie von dem Verrat an mir selbst. Ich habe die Gegenwart eingeladen und das Bewusstsein und das Bewusstsein hat sich zu meiner Überraschung nicht als das liebliche Schaukeln in einer Sänfte entpuppt, sondern als Bewusstsein vom Krieg. Hier ist der Virus: Ich bin ein Pazifist, ich verabscheue Gewalt. Und indem ich es tue, werde ich taub.

Ich war so sehr Gutmensch, dass ich am Ende mich selbst und meine Wirklichkeit ausgeblendet habe, dass ich und die Realität verschwunden sind.

Angst

Wenn ich noch ein Stück weitergehe, sehe ich, dass es die Angst ist. Eine Angst, die nicht nur mich ergriffen hat, sondern auch viele andere. Angst, eine Flutwelle von Angst, die auf mich und unsere Zivilisation zurollt. Ich habe sie nicht bemerkt, weil meine tollen Abwehrstrategien, meine Nicht-Anhaftung sie draußen gelassen hat. Ich habe sie erst bemerkt, als meine Ohren die Bremse eingelegt haben. Jetzt, wo ich endlich die Botschaft meiner Ohren verstanden habe, erkenne ich die Angst. Ich erkenne sie an der Erstarrung. Von der Erstarrung gehe ich jetzt in den Kampf über, einzig und allein, um mich zu bewegen. Ich bin jetzt rücksichtslos. Da ich ohnehin keinen Grund mehr habe, hier zu sein, bin ich frei.

Mag sein, ich schade mir damit selbst, aber ich kann mir nicht noch mehr schaden, als ich es ohnehin schon getan habe.

Und es ist mir vollkommen egal. Bestenfalls bekomme ich ein scharfes Schwert in die Hand und werde für Wahrheit sorgen. Was auch immer das Leben von mir will. Ich bin weiterhin vollkommen offen. Auch wenn es mich verletzt. Ich kann die Verletzung jetzt bewusst erleben. Ich nutze die Kraft des Lebens, um mich gegen die Verletzung zu wehren. Das Leben ist stärker als ich, das weiß ich jetzt. Das Leben folgt seinen eigenen Gesetzen und ich gehe mit, wohin auch immer. Diese Freiheit ist unübertrefflich. Denn hier ist alles gut. Das Leben ist die einzige Instanz, der ich jetzt noch vertraue.

Das Leben ist ein unerbittlicher Wahrheitslehrer.

Ich brauche nur zwei Dinge: Gegenwarts-Bewusstsein und Verbindung. Das sind die Schätze, nach denen ich grabe.

Warum Archetypen heilen

Verbindung habe ich gefunden mit der Kriegerin. Diese Verbindung hat mich spontan geheilt. Die Kriegerin ist kein Arzt, kein Therapeut, kein spiritueller Lehrer in der Außenwelt. Nein, sie kommt aus mir. Sie ist Teil meiner Bewusstseins-Ausstattung, Teil eines Potentials, das aktiviert wurde, als ich es brauchte, Teil eines Selbstheilungspotentials, das mir und allen anderen Menschen zur Verfügung steht.

Warum die Kriegerin mich heilt: Sie kommt aus mir. Ich bin es, die sie hervorbringt und dadurch habe ich Zugang zu ihrer Kraft. Sie heilt mich auch, weil sie nichts Abstraktes ist, kein Medikament, keine Theorie, keine Methode. Sie ist ein Mensch. Wenn auch nur ein Fiktiver. Für meinen Heilsprozess spielt das keine Rolle. Oder vielleicht ist auch das Gegenteil wahr: Genau darin liegt die Heilung. Mein Vertrauen in die Menschen ist erschüttert. Ich bin von ihnen abgeschnitten, aber in *mir* ist noch etwas lebendig. Es gibt kein Vertrauen ins Außen mehr, aber es gibt noch Vertrauen ins Innen.

Ein fiktives Wesen hat mich geheilt.

Und dort finde ich das wesentliche Element der Heilung: Beziehung oder Verbindung. Echte Verbindung, die auf keinen falschen Deals gebaut ist. Falschen Deals wie: Ich helfe dir, wenn du lieb zu mir bist. Ich helfe dir, wenn du für mich lügst. Ich helfe dir, wenn du für mich leugnest. Die Kriegerin verlangt nicht von mir, dass ich für sie lüge, mich abtöte, mich selbst verleumde, im Gegenteil, sie kämpft für mich! Ich weine jetzt.

Wegen ihr! Wegen eines Wesens, das ich überdeutlich vor meinem inneren Auge sehe, dessen Kraft ich in allen Zellen spüre, eines Wesens, das gar nicht real existiert. Ein fiktives Wesen hat mich geheilt. Ein fiktives Wesen hat mir den ultimativen Dienst erwiesen: Es hat mir mein altes Herz herausgeschnitten. Es hat mich aus meiner Sucht nach Liebe und Wärme herausgeholt und mich in den kalten Entzug geschickt. Die Kriegerin gibt mir jetzt die Liebe und den Schutz, die ich brauche. Sie ist in mir – und dort ist sie unsterblich. Sie verlässt mich nicht.

Gegenwart und Authentizität kann ich nur in mir finden.

Es ist Schluss jetzt mit den Anklagen gegen die Außenwelt, gegen andere Menschen, die gemein zu mir waren. Schluss mit Rachegedanken, mit Schuldzuweisungen. Das ist alles Illusion. Andere Menschen waren noch nie diejenigen, die mich krank machen können und auch noch nie diejenigen, die heilen können. Ärzte können nicht heilen. Schon der Satz: Wer heilt, hat recht, füttert eine Illusion, die uns alle krank macht. Es gibt niemanden, der einen anderen heilt, außer wir uns selbst. Wir suchen Heilung außerhalb von uns, wenn wir in Wahrheit Heilung nur in uns finden können. Jeder Arzt oder Therapeut, der vorgibt, einen anderen heilen zu können, ist ein Krankmacher und nicht ein Gesundmacher.

Hier setzt die Kriegerin in mir das Schwert an und das Schwert schneidet sehr, sehr tief. Es schneidet das Herz heraus, nicht nur meines, sondern das meiner ganzen Kultur.

Ich habe noch etwas mehr als 100 Seiten für diese Operation und ich weiß, dass mir die schwerste Prüfung noch bevorsteht. Immerhin hat mein Weg mich schon dahin gebracht, wo ich jetzt bin. In nur 8 Tagen von bewusstem Prozess. Ich kann wieder hören. Das ist im Vergleich zum Anfang ein erstaunliches Ergebnis.

Auch das hier habe ich gelernt: Heilung ist möglich, ist sogar schnell möglich, in dem Maße, in dem ich die Präsenz des Augenblicks halten kann. Und das kann ich trainieren, sogar schnell trainieren. In den 8 Tagen Schreiben im vollen Prozess-Bewusstsein werden die Blockaden immer seltener und immer kürzer. Nicht nur Blockaden, auch das Trauma-Muster findet immer seltener Zugang zu meinem System. Das innere Präsenztraining wirkt. Hier ist die Kriegerin in ihrer ganzen Macht: Sie ist eine Kriegerin der Präsenz, eine Kriegerin des Bewusstseins, eine Kriegerin der Heilung.

Was an unserem Verständnis von Heilung grundlegend faul ist.

Erstens die Überzeugung, dass uns jemand anderer heilen kann als wir uns selbst. Schon als Kinder erleben wir regelmäßige Besuche beim Kinderarzt. Das ist wunderbbar. Aber gibt es dort einen Arzt, der uns klar macht, dass wir es selbst sind, die sich heilen? Dass es eine Instanz in uns gibt, die stets nach Heilung strebt? Gibt es einen Arzt, der uns zeigt, wie das geht? NEIN! In der Regel gibt es einen Arzt, der uns klipp und klar Anweisungen gibt, darüber, was wir tun sollen. Und wenn wir verlautbaren, dass wir etwas nicht wollen oder etwas anderes für besser halten, weil unsere innere Heilinstanz so fühlt, werden wir besänftigt, uns wird gesagt, dass der Arzt es besser weiß. NEIN! Das ist nicht richtig. Der Arzt weiß es nicht besser, denn der Arzt ist ja nicht derjenige, der heilt. Er ist ja auch nicht derjenige, der krank ist.

Heilen ist eine intuitive Angelegenheit, an der alles von der kleinsten Zelle in dir bis in den hintersten Winkel des Universums beteiligt ist. Und nur du hast den Zugang zu der präzisen Information, die dir hilft. Beim Arzt passiert etwas ganz anderes: Der Arzt macht dich nicht gesund, sondern krank. Er macht dich krank, weil er selbst krank ist. Er ist krank, weil er Teil eines Systems von Kranken ist, deren einziger Heilweg, nämlich der Weg zu sich selbst abgeschnitten ist.

Das ist eine Provokation, die ich stehenlasse. Denn sie heilt mich.

Der Arzt ist und bleibt genauso krank wie seine Patienten, weil beide Teil eines Systems sind, in dem Krankheit gut bezahlt wird.

Und genau hier liegt der Kern meiner Verzweiflung. Ich bin mir so sehr bewusst geworden über diese Krankheit zum Tode, dass ich nicht länger gewillt bin, am lebendigen Leib von ihr gegrillt zu werden. Es ist nicht lebenswert, mit jedem Atemzug und jedem Gedanken langsam und qualvoll vergiftet zu werden. Ich bin zu allem bereit und bin mir voll bewusst, dass viele Schwerter gezückt werden, um die tödliche Krankheit zu verteidigen. Ich werde viele Schwerter zücken, um die Heilung zu verteidigen. Ich erlebe ja gerade in mir selbst den Widerspruch. Lieber zu Grunde gehen, anstatt sich einen Schritt vorwärts zu bewegen, das ist ja auch in mir. Dazu brauche ich ja auch eine knallharte Kriegerin mit eiserner Disziplin, um herauszukommen.

Abgesehen davon, dass uns weder die dafür Zuständigen, nämlich die Ärzte und Therapeuten, noch unser Schulsystem darin unterrichten, dass die Heilung aus uns selbst kommt, lehrt uns auch niemand, wie wir das anstellen können.

Wenn ich jetzt sage **niemand**, stimmt das nicht ganz. Es gibt inzwischen einige großartige und bekannte Lehrer und nicht wenige Unbekanntere, die wunderbare Botschafter sind. Ich wechsle gerade komplett in ihr Lager über und stelle meine Stimme zur Verfügung, um jene zu erreichen, die *mich* hören können. Damit sie es auch weitersagen. Damit es viele wissen, damit sich etwas ändert. Damit die Frage, welche Art von Therapie von der Krankenkasse finanziert wird, davon abhängig gemacht wird, dass das Bewusstsein der Selbstheilung als Grundhaltung dahinter steht und, dass der Patient den Zugang dazu findet. Dass die Krankenschwester, die dem Patienten Präsenz und Bewusstsein vermittelt durch echte Verbindung – genauso gut bezahlt wird, wie der Arzt, der von beidem keine Ahnung hat, aber dafür die technischen Mittel kennt.

Ich höre die Ärzteschaft die Messer wetzen, obwohl sie genau weiß, dass ich nicht so blöd bin, medizinisches Wissen als unnütz abzuwerten. Mir geht es lediglich darum, dass das wesentliche Element im Heilprozess nicht außen vor gelassen wird. Dass in der Ausbildung von Ärzten Verbindung, Präsenz und Authentizität gelehrt werden. Dass Ärzte darin geschult werden, den Zusammenhang zwischen Körper und Psyche zu erkennen und zu fühlen, wann ein Patient sich unbewusst zerstört und wann er den Weg zur Gesundheit findet, auch wenn das allen bekannten Heilmethoden widerspricht.

Die Tatsache, dass unser System auf Krankheit aufgebaut ist, eine Tatsache, die mir durch das Schreiben des Buches und meinen eigenen Heilprozess bewusst geworden ist, lässt mich so sehr verzweifeln, dass ich auch den Mut an allem anderen verliere. Wenn das Grundlegendste, nämlich unsere Gesundheit in unserer Kultur so fundamental angegriffen ist, was ist dann erst mit allem anderen faul? Mit unserem Bildungssystem, mit unserer Wirtschaft, mit unserer Religion, mit unseren Beziehungen, mit ALLEM.

Ich male mir aus, wie sie über mich herfallen werden, über die Schwarzmalerin, die eine so zauberhafte Weißmalerin war und die jetzt aus der Rolle gefallen ist. Sicher haben sie alle Arten von Diagnosen für mich bereit. Und schlaue Sprüche. Und niedere Motive, die sie mir anhängen aus ihren eigenen niederen Motiven heraus. Aber wie gesagt, es ist mir scheißegal, denn es geht mir um meine Heilung. Und Heilung gibt es nur in der Wahrheit, meiner WAHRHEIT.

Ich bin nicht länger ein sich selbst dem Tod weihender tauber, erstarrter Zombie.

Ich muss ein vollkommen neuer Mensch werden oder meine Trauma-Symptome werden nie aufhören. Ich kann nicht nur an der Oberfläche etwas ändern.

In meinem Leben war und ist ein Bewusstseinsvirus aktiv, der mich zerstört und ich muss ihn finden.

Wie mir das Leben die Arschkarte zeigt. Sehr heilsam.

Das Leben spricht unaufhörlich mit mir, ob über Trojaner auf meiner Facebook-Seite oder auf der Straße, egal wo ich bin. Jetzt wo ich angefangen habe, es genau zu beobachten, passieren lauter Dinge, die mir zuvor nicht passiert sind, schon gar nicht in dieser Häufigkeit.

Auf dem Weg zu meinem Seminar sehe ich einen jungen Mann die Straße entlanggehen, er ist ausgesprochen gut gelaunt, er pfeift, schlendert so ausgelassen, dass ich am Steuer meines Autos grinsen muss und es als gute Laune-Kick mit in den Tag nehme. Am nächsten Tag, an derselben Stelle – hier ist schon der erste Unwahrscheinlichkeitsfaktor – derselbe junge Mann, wieder ausgelassen, super fröhlich. Diesmal spuckt er auf den Boden und ich denke, gehört wohl einer Kultur an, wo man vor lauter Überschwang auf den Boden spuckt. Es irritiert mich aber schon ein wenig, das Bild ist leicht verschoben. Trotzdem, ich wundere mich, dass wir an genau derselben Straßenecke zusammentreffen. Ich im Auto, zu einer anderen Uhrzeit als gestern, er zu Fuß.

Am nächsten Tag: Derselbe junge Mann an derselben Straßenecke schlendert mit genau derselben Fröhlichkeit die Straße entlang. So ein Zufall denke ich und beobachte ihn, bin neugierig, wer er ist und warum er so gut gelaunt ist. Da sehe ich, wie er eine Fußgänger-Ampel drückt, nicht weil er die Straße überqueren möchte oder weil ein anderer Fußgänger wartet, nein, es ist reine Boshaftigkeit. Es macht ihm Spaß, die Autos auszubremsen.

Was will mir das Leben damit erzählen? Deine rosarote Brille kannst du getrost absetzen, dein Gesäusel, dass alle Menschen lieb und gut sind. Der Typ ist ein Arschloch. Nein, ich will jetzt auch nicht wissen, dass er so ist, weil ihn das Leben dazu gemacht hat. Für mich zählt nur, dass ich eine Wahrheitslektion erhalte, damit ich auch sonst mal genauer hinschaue. Ich fühle mich verarscht von mir selbst und das entspricht vollkommen der Wahrheit. Ich bin nicht auf der Höhe meiner selbst, sonst wäre ich nicht in das ganze besch ... Trauma hineingeraten. Aber ich werde dahin kommen. Ich habe ein Schwert.

Lektion Nummer zwei. Das Leben ist sehr gesprächig.

Ich fahre mein Auto zur Garage, die ein Stück entfernt ist. Der Weg dahin führt über eine mehrspurige Straße. Ich bin so geflutet von meinen inneren Prozessen, dass ich vergesse, das Licht anzumachen. Ich höre ein Klopfen auf meiner Kühlerhaube und schaue jetzt erst hoch. Ein Mann steht mitten auf der Straße, im Verkehr, und signalisiert mir vehement, dass ich das Licht anmachen soll. Ich mache es an und er geht weiter. Er wirft keinen Blick zurück. Er wirkt genau wie der junge Mann, der drei Mal hintereinander erschien, wie ein Bote. Was an ihm auffällt ist die vollkommene Konzentration auf die Aufgabe, nämlich mich vor Schaden zu bewahren, indem er mich an das Licht erinnert. Ich möchte ihm danken, sehe ihn auch nachher an der Ampel stehen, aber er schaut nicht zu mir herüber. Immerhin hat er es auf sich genommen, auf eine vierspurige Straße zu laufen, wo die Autos nur vorübergehend zum Stillstand kamen, weil sich der Verkehr staute. Ein Krieger des Lichts, kann ich nur sagen.

Das alles sind vielleicht banale Vorgänge, aber ich empfinde es als einen unglaublichen Trost, zu erleben, dass das Leben mit mir spricht. Das Leben unterrichtet mich, das Leben heilt mich und das in einer Art, die ich nur als poetisch und fantasievoll empfinden kann.

Ja, ich bin aus aller Blauäugigkeit herausgefallen, aber ich empfinde keine Blauäugigkeit darin, dem Flüstern des Lebens zu lauschen. Im Gegenteil, das Leben schenkt mir mit einem perfekten Timing genau das, was ich brauche. Es sagt unaufhörlich zu mir: Vertraue mir, höre mir zu, ich führe dich, ich zeige dir den Weg. Und genau darum hatte ich ja gebeten als dieser Weg anfing. Ja, das macht mich glücklich, Trojaner, spuckende junge Männer, Lichterinnerer und bezaubernde WG Mitbewohnerinnen, die sich vielleicht noch als Hexen entpuppen. Das Leben ist ein Wunder, das meinen Verstand übersteigt, aber wenn ich mich ihm ganz hingebe, ist sein Sinn und seine Klarheit unermesslich.

Tag 9 – Der Schmerz kehrt wieder

Ich dachte, ich hätte ein gutes Stück des Weges erreicht, aber jetzt bricht wieder alles zusammen. Ich möchte nur noch tot sein. Der Schmerz ist so unerträglich, dass ich nicht mehr weiß, in welche Ecke meines Bewusstseins ich noch flüchten soll. Ja, ich kann mich schützen. Ja, ich wende mich dem Leben zu. Ja, ich stelle mich der Angst, aber jetzt kommt die Traurigkeit, gegen die ich nichts machen kann. Ich kann die Tränen nicht aufhalten. Ich möchte zurück in mein altes Leben, ich möchte nicht weitergehen, ich ...

Ein Traum von letzter Nacht hat alles wieder aufgerissen. In dem Traum war mein altes Leben noch intakt. Da hatte ich noch eine Familie, einen Mann an meiner Seite. Der Traum ist wie ein Nachhall einer vergangenen Zeit, aber er ist so REAL, dass er mich ganz in Besitz nimmt. Ich weiß nicht, wie ich hier jemals herauskommen soll. Ich habe keine Kraft, keine Vision, kein Motiv. Etwas ist stärker als ich und alles, was ich bisher geschrieben habe, kommt mir hohl und leer vor.

Das Schreiben selbst, wenn es mich nicht retten kann, verliere ich das Einzige, was mich noch hält. Mein Wunsch, den Planeten zu verlassen ist sehr groß. Ich glaube, ich war nur hier, um diese schönen 30 Jahre mit meinem Mann zu verbringen, um diese wundervollen Kinder zu erleben, um meine ganz persönliche Botschaft abzuliefern und das habe ich getan.

Ich habe alles gelebt, was ich leben wollte und es ist gut. Es gibt keine Zukunft. Ich sehe sie nicht. Es gibt auf diesem Planeten kein Zuhause mehr für mich.

Die anderen Menschen, sie haben ihr eigenes Leben, ihr eigenes Zuhause. Ich habe da keinen Platz, ich suche auch keinen. Würde ich einen suchen wäre es anders. Aber ich habe keinen Lebenswillen. Ich habe nur Gefühle, die andere beunruhigen, weil sie selbst labil und unglücklich sind und nicht wissen, ob sie leben wollen oder sterben. Der Tod erscheint mir als etwas sehr Tröstliches. Aber ich werde das niemandem sagen, denn noch schlimmer als der Tod ist, in einem kranken System gefangen zu sein. Werde ich auch nur den geringsten Hinweis geben, kommt es in Gang: Ich lande in einer Psychiatrie, wo niemand etwas von Heilung versteht, jedenfalls nicht von meiner Heilung. Ich würde das Gefühl nicht loswerden, dass sie kränker sind als ich. Dann lieber tot als mit dem Rest von Gesundheit weiterleben, den ich noch habe, und der so schwach ist, dass ich keinen Widerstand leisten kann. Das System würde mich auffressen am lebendigen Leib.

Ich bin nicht die Einzige. Weil wir Menschen immer mehr Bewusstsein entwickeln, fallen wir aus allen Systemen heraus. Die Konzepte und Methoden, die uns früher geholfen haben, greifen nicht mehr. Wir brauchen neue Heilwege, intuitive, telepathische, verbundene Heilwege. Heilung, in der wir aufgehoben sind und nicht verschlungen werden von einem gefühlskalten, manipulativen, entmenschten System. Heilwege, in denen wir nicht Kranke sind, sondern Gesunde.

Meine Krankheit ist meine Gesundheit.

Das spüre ich zutiefst und sollte ich tatsächlich meinen Wunsch wahr machen und den Planeten verlassen, dann ist das eine Entscheidung für das Leben und nicht dagegen.

Die letzten Wochen habe ich die Nähe von Menschen gesucht und auch gefunden, viele ganz wunderbare Menschen waren für mich da. Aber jetzt, ... ich falle in den Raum der Einsamkeit und es gibt kein Entrinnen. Es liegt nicht an den anderen, es liegt an mir. Sie sind weit weg, ihre Anliegen, ihre Bedürfnisse, ihre Ziele, weit weg von mir. Ich bin für sie die Muntermacherin, die Stütze, der Halt, das ist die Rolle, die das Leben mir zugewiesen hat. Ich bin diejenige, die weiß, wo es lang geht, aber jetzt geht es nirgendwo mehr lang. Was sollen sie mit mir anfangen, wenn ich es nicht mehr weiß? Das ist nicht vorgesehen. Ich würde sie möglicherweise ebenso traumatisieren, wie ich selbst traumatisiert wurde – wo ist da der Sinn? Ich kann nur hier in meiner Ecke sein und es aushalten. Ich kann nur hier sein und schreiben. Um mein Leben schreiben. Vielleicht bringt die Sprache, vielleicht bringt meine innere Führung ja etwas zum Vorschein, das mich weiterleben lässt. Vielleicht hat das Leben ja eine Idee.

Ich bin da angekommen, wo ich losgelaufen bin, nein, ich bin noch ein Stück tiefer gefallen. Ich habe Auswege gesucht und erlebt, dass sie nicht halten. Eben erhalte ich eine E-Mail, in der eine gute Bekannte mir erklärt, dass sie einen starken Schutzpanzer an mir gespürt habe in unserer letzten Begegnung. Sie gibt mir den gut gemeinten Rat, ihn nicht zu hart werden zu lassen. Das ist es, was ich meine. Ich bin von Menschen umgeben, die nichts fühlen, auf alle Fälle nicht, wie es mir tatsächlich geht und ich traue ihnen auch nicht genügend, um etwas preiszugeben über meine wahren Gefühle, weil ich fürchte, dass das alles noch schlimmer macht. Also wohin mich wenden?

Hierbleiben im Raum der Einsamkeit. Im Vortod unter Toten. Mit meinem PC und meiner Tastatur und dem Warten auf Worte ...

Ja, ich bin geschützt von einem Panzer. Ja, ich habe eine Mauer errichtet zwischen mir und anderen, aber nur weil dahinter ein blutendes, schwer verletztes Wesen ist, das anders nicht leben kann. Der Panzer ist ein Überlebensschutz aus meinem Stammhirn und kein Hindernis auf meinem spirituellen Weg, das ich überwinden müsste. Er ist der Grund, warum ich überhaupt noch da bin. Jetzt prallt er auf den Panzer derjenigen, die auch überleben müssen oder auf den Panzer derjenigen, die das Fühlen abgestellt haben oder gar nicht erst angestellt.

Ich aber fühle ... und ich weiß nicht, ob das mein Tod ist oder meine Auferstehung. Ich weiß nicht, ob das Bewusstsein mich noch tiefer hineinzieht in den Schmerz oder ob es mich irgendwann befreit. Die Zeit vergeht und ich atme.

Das Schlimmste ist, dass ich die Wahrheit verloren habe.

Ich muss die Wahrheit wiederfinden. Mein ganzes Leben war gebaut auf Wahrheit. Ich hatte so viel Kraft. So viele Menschen haben mir gesagt, dass sie meine Wahrheit lieben, so viele Menschen haben mir vertraut, nicht weil es *meine* Wahrheit ist, sondern weil es die Wahrheit ist. Jetzt ist sie verschwunden, die Wahrheit. Alles ist verschwunden. Es scheint mir als ob ich nur umgeben wäre von Lüge – und die größte Lüge dabei bin ich selbst. Weil ich mitspiele. Weil ich mitgespielt habe, um zu überleben oder um zu leben oder das, was ich für Leben gehalten habe.

Da ist etwas in mir – aber ich finde es nicht wieder. Ohne meine Wahrheit ist mein Leben nichts wert. Ich kann nicht leben von den Vergnügungen, die andere glücklich machen. Ich kann mich nicht ernähren von simplem Zeitvertreib. Ich ernähre mich von einem anderen Stoff – und ich bin schon immer bereit, dafür zu sterben. Einen heldenhaften Tod, nein, das ist es nicht. Ich habe viel zu wenig Macht über den Plan meines Lebens. Die Sehnsucht, der Wahrheit zu folgen war in mir, ohne dass ich sie gerufen habe und jetzt ist sie verschwunden, ohne dass ich sie gebeten habe, zu gehen. Ich habe sehr wenig Macht über all dies.

Vielleicht ist es das, was ich lernen soll, nicht nur lernen, mit jeder Zelle meines Körpers verstehen. Damit ich weich werde und durchlässig, damit jeder persönliche Wille in mir stirbt. Es war schon immer so. Ich habe schon immer gedient, freiwillig oder unfreiwillig.

Ja, ich habe ein Trauma erlitten, aber das ist nicht das Wesentliche. Das ist nur die äußere Erscheinung. Deshalb möchte ich auch von keinem Psychologen oder Therapeuten behandelt werden, keinem Arzt oder irgendeinem anderen Menschen, der in mir eine Funktion sieht, etwas Definierbares.

Ich habe längere Zeit mit einer Partnerin zusammengearbeitet und als meine innere Stimme mich auf meinen eigenen Weg rief, sagte sie: Ich wäre meinem Ego zum Opfer gefallen. Das hat mich sehr verletzt, das ist die Art, wie ich missverstanden werde. Es geht um etwas anderes, aber jeder, der einem System, einer Methode oder Weltanschauung dient, versteht nicht, worum es geht, wenn man einem Ruf folgt. Ein Ruf führt einen jenseits alles Greifbaren. Und er führt einen auch dahin, wo ich jetzt bin: In die Leere. Jenseits des Rufes, auf den ich keinen Einfluss habe. Hier bin ich nur eine leere Hülle.

Was ist es in mir, das sterben will und zugleich leben, unbändig leben, aber nicht für mich? Ich will für etwas Höheres leben, für die Wahrheit und ich bete inständig darum, dass ich sie finde. Ich bete darum, dass Gott oder welche höhere Macht auch immer mich zu einem Werkzeug macht, denn das ist das Einzige, was mich trägt.

Vielleicht wird mir das auch alles genommen, mein Lebenswille, damit ich ein wahrhaftes Werkzeug sein kann. Ich kann nur warten, abwarten und weiter wach sein, einfach nur wach sein, egal wie verzweifelt oder lebensmüde ich bin. Ich habe entschieden, das Leben genau so hinzunehmen wie es ist. Und dem folge ich jetzt.

Mit freundlicher Genehmigung darf ich diese E-Mail von Corinna Rossmy abdrucken, die ich vor drei Tagen erhielt.

"Liebe Ulrike,

ich denke und spüre gerade viel nach über das Ausleben meines Potentials, beziehungsweise meiner eigenen Erlaubnis dies zu tun, beziehungsweise meinen eigenen Weg dafür zu finden. Und ich merke, dass ich immer noch – wenn auch nicht mehr so heftig wie früher – in der Polarität "gefangen" bin, zwischen dem gespürten Wissen, dass ich es innerhalb der gespurten Wege dieser Gesellschaft nicht kann/will und dem immer noch nicht ganz vertrauen können, dass es überhaupt da ist, da sein darf. Manchmal komme ich mir vor wie eine Wölfin im Gehege, wohl wissend, dass ich inzwischen für den Zaun selbst verantwortlich bin ...

Warum ich Dir das schreibe? Weil Du mir bei meinem Nachspüren in den Sinn kamst. Als jemand, dem es – glaube ich – tief vertraut ist, sich in dieser Gesellschaft fremd zu fühlen, die aber in der Lage ist kreativ darauf zu reagieren, immer wieder Deine Visionen als Flugdrachen in den Weltenraum entlässt, darauf vertrauend, dass eine Antwort kommt ... Und weil ich gerade – frag mich nicht warum – das Gefühl habe, dass Du diese Wahrnehmung brauchen kannst, sende ich sie Dir.

Liebe Grüße! Corinna"

Ich antworte:

"Liebe Corinna,

genau da bin ich gerade, genau das ist der nächste Schritt, den ich machen muss. Nur dort kann Heilung stattfinden, für mich und für jeden anderen. Ja, ich fühle mich fremder denn je, so fremd, dass ich nicht einmal mehr hier sein will, aber ich fühle auch, dass aus der Wahrheit des Fremdseins, denn es ist eine WAHRHEIT, Kraft entstehen kann, die einzige wahrhaftige Kraft.

Danke! Es sind die Menschen, mit denen ich den Weg teilen darf, die mir Kraft geben, die einzige Kraft, die einen Pfifferling wert ist. Und jetzt gerade, wo ich sie dringend brauche, sind die Menschen da. Das ist ein Wunder, für das ich dankbar bin.

Ulrike"

Tag 10 – Ich brauche die Wahrheit – Jetzt

Gestern war ich im Kino mit Cecelia, meiner neuen Mitbewohnerin. Sie kommt aus Toulouse, Südfrankreich. Deutsche Filme, dazu ist ihr Deutsch noch zu unsicher. Dieser Film war eine englische Originalfassung mit Untertiteln. In dem Film ging es um Martin Luther King. Ich wollte ihn sehen, weil ich hoffte, hier einen Zugang zur Wahrheit zu finden. Cecelia sagte mir, da saßen wir schon im Kino, dass sie Actionfilme mag, Mission Impossible, und ich machte mir ein wenig Sorgen, dass ich sie ein schwer emotionales Movie über Rassendiskriminierung geschleppt hatte. Sie mochte den Film. Ich war sehr erleichtert. Der Film, "Selma" hat mir gegeben, was ich gesucht habe. Er hat mich so tief berührt, weil er nicht die gloriose Seite des Visionärs im Kampf gegen seine Feinde verherrlicht hat, sondern weil er die Angst und die Verantwortung gezeigt hat, die Martin Luther Kings ständiger Begleiter war. Und die Müdigkeit. Und die Opfer, die er und andere bringen mussten, auch die seiner Frau Coretta.

Darin konnte ich mich wiederfinden, in dem Visionär, der mit dem Rücken zur Wand steht, und nicht weitergehen will, aber muss. In einer Szene ist er kurz davor, aufzugeben, aber neben ihm im Auto sitzt ein junger Mitstreiter und erzählt ihm seine leidvolle Geschichte und sagt, dass es Martin Luther Kings Worte waren, die ihm Hoffnung gaben. Dass King auch eine Verantwortung hat, die Vision, zu der er andere aufgerufen hat, weiterzuführen.

Es ist nicht so, dass ich mir anmaße, mich mit Martin Luther King vergleichen zu können. Ich finde nur im Kern denselben inneren Widerspruch.

Auch ich habe viele eingeladen in eine Vision, von der ich tief überzeugt war, und jetzt habe ich den Glauben an mich selbst verloren, weil etwas mich so sehr verletzt hat, dass ich nicht weitergehen kann. Ich muss mir sagen, dass auch ich eine Verantwortung habe für meine Worte, für mein Handeln, für die Menschen, die mir vertraut haben und mir gefolgt sind.

Ich muss mich auf die Suche nach meiner Wahrheit machen. Ich muss die Wahrheit finden, die mich jetzt tragen kann.

Ich muss die Fackel wieder aufnehmen.

Wenn ich es schon nicht für mich tue, muss ich es für andere tun, für die ich Verantwortung habe.

Ich muss meinem verletzten Herzen erlauben zu sprechen und dann muss ich weitergehen, eine Stimme sein für viele. Ich muss mich verständlich machen, mir selbst gegenüber und auch anderen. Aus dem einen Grund, damit ich mir wieder vertrauen kann und damit andere mir vertrauen können. Ich brauche die anderen. Jetzt, in diesen Tagen brauche ich die Stimmen der anderen, um mich daran zu erinnern, wer ich bin. Ich brauche sie als Spiegel, in den ich hineinsehen kann, um mich allmählich wiederzuerkennen.

Wer ich bin in den Augen der anderen.

Ich habe meiner Freundin, die mir den Rat mit der Rüstung gegeben hat, geschrieben, wie es mir geht und ihre Antwort berührt mich:

"Liebe Ulrike,

...

Ich kann mit dir fühlen in welchem schmerzvollen Prozess du dich befindest.

Und wünsche Dir viel, viel Kraft. Aber ich weiß auch was für eine starke Frau Du wirklich bist.

Du hast so viele extrem schwierige Prozesse in der Vergangenheit gemeistert.

Das Leben will einen manchmal ganz unten haben, habe ich das Gefühl.

Damit sich alles neu sortieren kann und neu entstehen, auf einem höheren Niveau.

Und Du bist in Wirklichkeit ein Glückskind – Hans im Glück – die Geister sind dir in Wirklichkeit gut gesonnen. Sie wollen dein Bestes.

Im Moment bist Du halt wirklich tief in den Brunnen gefallen.

Ich wünsche dir, dass Du den Funken von Licht am Ende des Tunnels nicht aus den Augen verlierst.

Leider kann ich dir deine Schmerzen gerade nicht abnehmen, durch die dunklen Keller muss man immer alleine gehen.

Aber vergiss nicht, dass es da oben Menschen gibt, die dich lieben und schätzen, genau so wie du bist.

Und die schon mit Seilen am Rande des Brunnens stehen um dir herauszuhelfen."

Diese Antwort berührt mich sehr, hier fühle ich mich ganz gesehen und ich fühle die Hand, die Kristina nach mir ausstreckt.

von links: Esther Kochte, Kristina Rosel und ich beim Theta Floating Seminar

Vielleicht bedeute ich mir selbst nicht viel, aber andere ... bedeuten mir etwas. Vielleicht ist es so, dass ich den Zugang zum Leben finde, indem ich für andere da bin – und damit für mich. Dadurch, dass andere für mich da sind. Vielleicht finde ich sie wieder, die Verbindung – zu den anderen und zum Leben.

Ich bin eine Liebende.

Ja, ich weine, weil ich eine große Liebe verloren habe – und doch nicht verloren. Es ist nur so, dass mir die Anwesenheit meines Geliebten so sehr fehlt. Aber auch diesen Schmerz werde ich tragen. Ich werde ihn tragen, weil ich jetzt die Liebe dahinter spüre. Sie ist wie ein weicher Boden, tief in mir, in meiner Erde. Dort ist die Liebe aufbewahrt, nichts ist zerstört, nichts ist beschädigt. Dort kann ich hingehen und sie fühlen. Ich besuche sie mit meinen Tränen und ich weiß, dass sie ganz und gar da ist. Ich fühle die Antwort des Lebens, das mir auch erlaubt zu fühlen, was mir weh tut. Ich finde mein Zuhause im Schmerz. Heute vernichtet der Schmerz mich nicht. Heute finde ich mich in ihm wieder. Vielleicht ist es gut, auf der Erde zu sein, um den Schmerz der Liebe zu fühlen. Denn im Schmerz ist ja auch die Kraft der Liebe. Und darin erkenne ich mich. Jetzt. Hier bin ganz angekommen. Hier ist das Suchen zu Ende. Die Liebe.

Ich habe nichts falsch gemacht.

Weder habe ich zu viel geliebt, noch zu wenig. Noch wurde ich zu viel geliebt oder zu wenig. Ich fühle mich geliebt – jetzt! Dieser verrückte Widerspruch: Zu wissen, dass mir die Liebe eine fast tödliche Verletzung zugefügt hat und dass sie zugleich mein Weg zurück ins Leben ist. Das Rauschen in meinen Ohren ist jetzt wieder extrem. Mein Gehör reagiert seismografisch auf meinen inneren Sturm. Aber es ist kein vernichtendes Rauschen. Es ist ein Ausdruck der Verletzbarkeit.

Die Sprache antwortet.

Auch die Sprache ist da. Wie die Ohren ist sie ein superfeines Instrument der Wahrheit. Sie ist heute fein, zaghaft, aber nicht verzagt. Sie ist vorsichtig und verletzbar, – und zugleich sehr mutig.

Eben habe ich einen Anruf von einer Kundin meines Verlags *spiritbooks* erhalten. Es ist erstaunlich, dass sie meine erst wenige Tage alte Handynummer gefunden hat. Und auch ihr Anliegen ist erstaunlich:

Sie hat ein Buch des Verlages bestellt: Maren Diehl: "Die Pferde sind nicht das Problem". Das Problem der Kundin: In ihrem Exemplar ist der Inhalt auf den Kopf gestellt. Umschlag und Buchinnenteil sind entgegengesetzt. Mit diesem Buch gab es eine Zeitlang Probleme beim Druck, aber dass der Inhalt auf dem Kopf steht, das hatte ich noch nicht gehört. Was mich an dem Anliegen der Anruferin so berührte: Sie sagte, dass ihr Bücher so wertvoll seien, dass sie sehr schwer mit diesem verdrehten Buch leben könne. Ich antwortete, dass ich das gut verstehen könne, weil Bücher mein Leben wären. Ich sagte ihr, dass ich ihr ein unbeschädigtes Buch schicken würde, von Herzen gern.

Ich liebe das Leben dafür, dass es mir antwortet, präzise und wohlwollend. Es zeigt mir, worum es geht und wohin es geht. Und auf gewisse Weise auch, dass das Buch, das ich schreibe, etwas ist, wofür es sich zu leben lohnt.

Da, wo das Leben spricht, ist Bewusstsein.

Dies ist eine Wahrheit, die ich finde durch die Krise, in die ich geraten bin: Ich höre auf zu fragen, warum und wieso das alles passiert ist und welchen Sinn es macht. Lange dachte ich, ich müsste es verstehen. Ich bräuchte Erklärungen und Schuldige. Das ist das, was ich gelernt habe, das, worin ich trainiert wurde: Erklärungen zu finden, eine Welt, deren Maschinerie man verstehen kann. Solange man ein Rädchen im Getriebe bleibt funktioniert das auch. Meine Wahrheit, wenn ich denn je wieder eine finde, die mich trägt, ist außerhalb davon. Ich verstehe jetzt ganz deutlich, dass das so ist. Hier kann ich anfangen. Das ist ein Trost, dass all die Leere mich wenigstens dahin gebracht hat, dass ich mich nicht mehr in der bekannten Wirklichkeit nach Lösungen umschaue. Wenn es eine Lösung gibt, dann außerhalb. Es gibt eine im Bewusstsein des Augenblicks, aber was genau ist denn dieses Bewusstsein des Augenblicks?

Es ist eine holprige, abgründige Angelegenheit, so viel weiß ich jetzt. Es ist das Leben selbst, mit dem ich in Kontakt komme, nicht nur das innere Leben, sondern auch das Leben, das mich umgibt. Das ist eine unglaubliche Entdeckung ... ich beobachte das hier mit Faszination, und ich frage mich:

Antwortet das Leben auf mich, weil sich mein Bewusstsein verändert hat?

Ich antworte jetzt mal mit Ja. Diese Dinge sind sicher auch schon vorher passiert: Ein Mann geht drei Tage hintereinander die gleiche Straße entlang, jemand ruft an wegen eines fehlerhaften Buchdrucks ... aber ich habe es nicht in Beziehung zu meinem Erleben gebracht. Es ist ja auch nicht so, dass ab sofort nur gute Sachen passieren. Der Trojaner auf meiner Facebook-Seite hat echten Schaden angerichtet. Ich bin hier in einer grundlegenden Frage über "Was ist wirklich?" gefangen. Ist die Welt von der ich umgeben bin ein gefühlloser Kosmos, der nach naturwissenschaftlichen Gesetzen funktioniert? Oder ist die Welt um mich herum ein präzises, weises Universum, das sich in einem ewigen Prozess des Lebendigen selbst hervorbringt? Bin ich gefangen in meinen Wünschen und Projektionen, in meiner beschränkten Verfassung als Mensch oder gibt es da draußen tatsächlich eine höhere Intelligenz, die mich führt? Antwortet da draußen tatsächlich ETWAS? Auf MICH? Übernimmt da draußen tatsächlich etwas die Führung in meinem Leben? So wie ich es als Möglichkeit eröffnet habe, im Augenblick meiner tiefsten Finsternis. Ist das die Antwort auf meine Bitte: Führt mich, weil ich keinen Weg mehr kenne?

Hat dieses **Etwas** den Platz eingenommen, den zuvor die Liebe und das Zuhause in meiner Familie hatte? Kann das Leben und seine Weisheit mir den Trost und die Geborgenheit geben, die ich brauche, um existieren zu können? Und wie konnte all dies in mein Leben kommen?

Durch meinen Zusammenbruch? Durch meine Lebensmüdigkeit? Durch den Schmerz?

Und wie ist die Beschaffenheit dieses Bewusstseins, das mich all dies wahrnehmen und erleben lässt? Das mir die Kraft gibt, weiterzugehen, obwohl ich jeden Willen verloren habe? Ist dieses Bewusstsein eine Gabe, die nur mir zuteilwird oder haben alle Menschen die Möglichkeit, dies zu erleben?

Wenn alles wahr ist, dann ist alles ein Wunder.

Ich erlebe das alles in Gestalt eines frei herumschwebenden Partikels, der haltlos durch den Kosmos stürzt. Wenn ich für einen Moment meinen Verstand einschalte und die Konsequenzen bedenke, dann stellt es alles auf den Kopf! Dann ist dies eine Wahrheit mit sehr nachhaltigen Konsequenzen. Und ich bin frei, mich darauf einzulassen. Ich will auch so viel Verantwortung übernehmen, dass ich nicht nur mein vogelfreies Clownsspiel damit treibe, sondern ...

Ich werde anfangen, ernsthaft zu prüfen, ob jenseits meiner Verletztheit, meines Zorns, meiner radikalen Lebensverneinung etwas da ist, das von Nutzen ist, das wahrhaft Heilung bringt, das auch anderen helfen kann. Etwas, das ich nicht nur als trotziges Kind in die Welt schleudern kann, sondern das einen Beitrag leistet zum Wohlergehen aller.

Ich habe eine Vision

Ich habe etwas gefunden, etwas, das mir Halt gibt, das mir einen Weg zeigt, eine Aussicht. Ich habe etwas von mir wiedergefunden, auch wenn es etwas Unbekanntes und Neues ist. Etwas ist da ... *Seite 114* ... Es fühlt sich echt an. Es entgleitet nicht.

Verdammt, die Menschen

Ich muss jetzt endlich einmal erkennen, dass es die Menschen sind, wegen deren es sich noch lohnt, hierzubleiben, die verdammten Menschen. Auch wenn es meine Liebe zu einem Menschen war, die mich verdammt in diese verdammte Sch... gebracht hat. Die Menschen, zu denen ich ja auch gehöre, sind so ... ach ... sie sind Glück und Untergang. Wenn ich an etwas eingehe, dann an den Menschen und an dem Menschlichen in mir. Es ist so ausweglos, das Menschliche und auch das ist menschlich. Es ist so zum Verzweifeln und doch gehe ich weiter. All die Gefühle, sie sind zu stark und doch möchte ich sie lieber empfinden als taub zu sein.

Sie sind so liebenswert, die Menschen ... und sie können so vernichtend sein. Sie sind so stark und sie sind so schwach. Meine Liebe trägt so weit und meine Liebe lässt mich untergehen. Aber jetzt gehe ich nicht unter. Ich rudere mein Boot hinaus auf das offene Meer und ich lasse mich tragen vom Wind in Gestalt von Worten. Worte und Sprache, die von Menschen geschaffen wurden. Die Menschen geschaffen haben, um sich zu berühren. Wenn ich schon nicht die Haut eines anderen berühren kann, dann kann ich doch Worte aussenden, um zu berühren und Worte empfangen, um berührt zu werden.

Die Menschen und die Verbindung

Verdammt, und wenn diese Sache mit dem Leben stimmt. Wenn das Leben und ich sich gegenseitig auf magische Weise selbst kreieren, dann ist da doch etwas in mir, das lieben und leben kann. Wenn das Leben und ich das können, dann können es auch die Menschen und ich. Oder nicht? Dann gibt es eine Kraft der Verbindung, die auch da ist, wenn ich mich vollkommen an den Rand geschubst fühle, wenn ich mich winde vor Schmerz und von demselben Leben lebendig totgetreten und verspeist werde. Da ist etwas und ich kann auch antworten, wenn ich auf dem Boden liege. Das Leben jedenfalls lässt sich nicht tottreten. Es ist immer DA! Es ist kein untreuer Liebhaber. Es verlässt mich nicht, auch wenn ich darauf spucke. Es stellt keine Bedingungen. Darauf könnte ich mich einlassen.

10. Tag: Ich bin müde

Ich komme kaum aus dem Bett. Meine Taubheit ist zurückgekehrt und meine Ohren schmerzen. Ich weiß nicht, wie ich meine Wegstrecke heute finden soll. Ich bin begraben unter einer Flut von Hoffnungslosigkeiten. Ich erkenne das Muster. Ich sehe neue Lichter am Horizont, ich gehe darauf zu und sie verlöschen. Mir fehlt die Disziplin. Bewusstseinstraining ist Fitnesstraining und ich bin nicht fit genug. Ich sitze hier im Kerker meiner selbstgemachten Verzweiflungen. Ja, es mag alles wahr sein, das Gesetz der Anziehung funktioniert und ich wäre froh, das täte es nicht. Denn mit all der negativen Energie kann ich nur meinen Untergang herbeizaubern. Meine Ohren, der seismografische Draht zur Wahrheit brüllen und ich kann nichts hören, was von außen kommt. Vielleicht muss ich nur einmal hinnehmen, dass ich **eine fette Depression** habe.

Ich habe mich verirrt im Dschungel meiner Selbstheilung. Soll ich mich der Depression hingeben und 12,5 Seiten schreiben mit dem Gefühl der Scham, meine Leser zu belästigen und der Aussicht, dass ich das Buch ohnehin nicht veröffentlichen werde? Da kann ich mich auch wieder ins Bett legen und traurig sein. Oder soll ich mich mit eiserner Disziplin zwingen, meinen Plan zu erfüllen und schreiben, komme was wolle? Das tue ich ja bereits. Und wie ich mich kenne, werde ich auch so weitermachen. Aber vielleicht ist gerade das der Fehler? Vielleicht ist gerade das das Muster, dem ich schon ein Leben lang aufsitze. Jetzt grinse ich. Sehr gut.

Natürlich bin ich ein Leistungsmonster, nein, ich bin kein Monster. Ich habe nur keine Zeit zu verschwenden.

Manche Botschaften sitzen tief.

Ein kleiner Schlenker, um deutlich zu machen, wie Heilung durch Transformation geschieht ...

Die verdammten Menschen und das verdammte Leben ...

Okay ... Unterbrechung, der Schlenker geht in eine andere Richtung. Das Telefon klingelt, kaum habe ich das Wort Transformation zu Ende geschrieben. Meine Tochter, Lea (20), ruft an. Wir besprechen etwas Geschäftliches aus dem Verlag, sie arbeitet dort mit. Sie betreut auch meine Webseiten. Sie fragt, wie es mir geht und ich erzähle ihr ein bisschen. Mir wird klar, dass eine meiner größten Ängste darin besteht, dass meine Kinder von der Trennung betroffen sind. Dass ich die Ursache bin für ihr Unglück. Dafür, dass wir keine heile Familie mehr sind. Dass sie mein Verhalten verurteilen, zum Beispiel, dass ich den Kontakt zu ihrem Vater abgebrochen habe. Und hier kommen die verdammten Menschen ins Spiel. Für jemanden, der dem Leben aus tiefster Seele den Rücken zugekehrt hat, ist es eine pure Qual, einer so reinen Seele wie meiner Tochter Lea zu begegnen, die nicht nur wunderschön ist, sondern seit ihrer Geburt meist vor Glück strahlt.

In der nächsten halben Stunde, in der ich mit ihr rede, verbrauche ich eine Packung Tempotaschentücher und ... es gibt einfach keine Worte dafür, wie wunderbar sie ist. Ich sage mir immer wieder: Ich bin doch die Mutter, ich müsste doch sie trösten, aber vergeblich ... Ich bin ja nur ein weinendes Etwas, ein Haufen Kartoffelbrei. Die Tatsache, dass es so tolle Menschen wie Lea in meinem Leben gibt, haut mich einfach um. Es haut mich um, dass ich durch den Schock, den vertrautesten Menschen in meinem Leben verloren zu haben, alles so verzerrt wahrnehme. Der Schock hat zu einer Misstrauensreaktion geführt, die sich auf alles überträgt, auf die Menschen, denen ich auf der Straße begegne und auf die Menschen in meinem Leben.

Es ist die Hölle, so verdammt misstrauisch sein zu müssen

Es tut mir so leid, dass ich dieses Misstrauen empfinde, wenn jemand zu mir sagt: Ich freue mich, dass du da bist. Es ist eine Reaktion, über die ich keine Kontrolle habe. Ich kann mir auch sagen, dass das nicht ich bin. Aber es ist trotzdem da. Und das passiert mir auch mit meiner Tochter. Ich schäme mich so dafür. Ich schäme mich so dafür, dass ich all die guten Menschen so enttäuschen muss. Und ich schäme mich für diese Reaktion, weil sie ja mein Verhalten bestimmt. Und weil ich nicht angemessen reagieren kann auf ihre aufrichtige Zuneigung. Weil ich ja diejenige bin, die einen Kontakt verhindert. Weil ich sie ja vor den Kopf stoße und sie es nicht wissen kann. Ich muss es ihr und den Menschen erklären.

Meine Tochter fragt mich, ob sie etwas für mich tun kann. Und ich sage ihr, dass ich mir nur wünsche, nicht verurteilt zu werden. Ich erkläre ihr, wie ich mich fühle, was da passiert und warum ich mich verhalte, wie ich mich verhalte. Sie versteht mich. Sie versteht alles. Und sie tröstet mich. Etwas wird durchbrochen, eine Mauer. Die Mauer des Misstrauens in mir. Ich kann sie hören, meine Tochter, ihre Worte kommen ganz bei mir an. Mein System reagiert nicht mit der gewohnten Fremdheit, die Traumareaktion ist ausgeschaltet. Ich weine und weine, weil es so unglaublich ist. Weil ich auf einmal fühle ... weil die Taubheit weg ist. Da kommen so unglaublich viele Tränen. Die Kleenexschachtel ist leer.

Das verdammte Leben. Gerade hatte ich wieder die Messer gewetzt, da schickt es mir Lea vorbei. Lea sagt: "Ich hatte das Gefühl, ich sollte dich anrufen." Sie sagt: "Mama, wenn du noch einmal glaubst, ich würde irgendetwas Übles über dich denken ..."

Sie erinnert mich daran, was ich alles geschaffen habe, welche Botschaft ich in die Welt hinaustrage und wie die Menschen antworten. All das, was ich im Augenblick nur schwer spüren kann, daran erinnert sie mich. Und es von ihr zu hören, jetzt, wo die Mauer durchbrochen ist, das lässt mich nur weinen, das löst einen Sturzbach von Tränen aus, es hört nicht mehr auf ... und es ist heilsam. Lea sagt, dass sie mir eine E-Mail schicken wird, dass ich es nicht vergesse, dass ich weiß, dass es wahr ist und real.

Die E-Mail finde ich kurz darauf in meinem Postfach:

"Du bist eine tolle Mama, du bist immer für mich da, wenn ich dich brauche. Du kümmerst dich toll um mich und ich hab das Gefühl ich kann dir alles sagen und du wirst mich nicht verurteilen.

Ich denke NICHT, dass du die Familie verlassen hast und ich denke NICHT, dass du eine schlechte Mutter bist. Mir fallen so viele tolle Momente ein, in denen ich dachte, ich hab die beste Mama der Welt, weil du mir wirklich zuhörst und mich in allem unterstützt, was ich mache und sowieso immer gut findest, was ich tue. Und das gibt mir total viel Kraft zu wissen, dass du stolz auf mich bist, egal ob ich schlechte oder gute Noten schreibe, ob ich Putzfrau oder Managerin werde. Und genau diese positive Energie, die du in die Welt trägst und mit der du so viele Menschen ansteckst, möchte ich dir zurückgeben. Weil du es verdient hast, dass sich auch jemand um dich kümmert und für dich da ist. Und das bin ich jetzt! Falls du also mal wieder denkst, dass du an allem Schuld bist, dann lies das dreimal laut vor und schreibs dir am besten nochmal fett hinter die Ohren: Du bist gut und du tust Gutes! Und ich hab dich lieb ;) HDGDL Lea"

Ja, ich weine, ich weine sehr viel. Nach der Kleenexschachtel kommt die Klopapierrolle.

Wie stark das Leben ist, wenn wir es ganz sein lassen.

Das Buch ist ein Buch, das allein vom Leben getragen wird, das wird mir immer bewusster. Es wird mir so deutlich bewusst, als ich Lea davon erzähle. Ich sage ihr, dass das Buch kein Thema hat, keinen Stoff. Dass ich einfach nur 16 Tage lang aufschreibe, was mit mir passiert. Dass ich es tue, um mich selbst von einem Trauma zu heilen, das mich ereilt hat, weil die Trennung zu schnell ging, zu schockartig war, weil zu viel von meinem Leben zerbrochen ist, oder warum auch immer. Die Gründe und Motive ändern nichts an der Tatsache, dass es ist, wie es ist. Ich brauche Heilung, und ich habe den Weg gewählt sie über ein Buch zu finden, weil es das ist, was ich am besten kann und was mir am meisten Sicherheit gibt, das Wort. Vielleicht war es auch von vorne herein das Leben, das alles auf den Weg gebracht hat. Es steht mir nicht zu, darüber zu urteilen. Mein Respekt vor dem Leben wächst jeden Tag.

Ich habe dem Leben alle Tore geöffnet und das Leben zeigt sich. In nur 10 Tagen, genauer 16 Tagen, wenn ich die Workshops dazuzähle, während derer ich nicht geschrieben habe, aber starke Erfahrungen gemacht habe, in nur 16 Tagen, erzählt und lehrt mich das Leben auf profundeste Weise. Und das nicht nur durch Gedanken, die zu mir kommen, sondern durch Ereignisse. Ereignisse, die eine so deutliche Sprache sprechen, dass ich nicht anders kann als im Leben eine mystische Kraft zu erkennen, ein lebendiges Gegenüber, das auf eine Weise mit mir in Verbindung tritt, die ich nur als bedingungslose Liebe bezeichnen kann.

Eine neue Liebe

Das Leben hat die Kraft an die Stelle eines Herzens, das mir von einer Kriegerin kaltblütig herausgeschnitten wurde, etwas neues wachsen zu lassen, ein neues Herz. Eine neue Liebe. Keine romantische Liebe zu einem Mann und Seelengefährten, sondern die Liebe zum Leben selbst. Nicht zu einem abstrakten Leben. Nicht zu einem Prinzip oder zu einem Begriff. Nein, zu einem Gegenüber, das wie eine Person ist, das auf mich ganz persönlich reagiert. Das *mich* meint. Nein, ich werde jetzt nicht zu Gott und der christlichen Kirche zurückkehren, obwohl ich zum ersten Mal verstehe, was mit Gott gemeint ist. Warum Menschen zu Gott beten als einem Gegenüber. Mein Gegenüber, das Leben, möchte ich nicht vorschnell mit Gott und dem ganzen Drumherum meiner Kultur und Lebensgeschichte gleichsetzen. Ich möchte das Leben studieren, dieses faszinierende Gegenüber, das mich krank gemacht hat, um mich gesund zu machen.

Das Leben verschont mich nicht.

Das ist die erste Lektion, die ich lerne. Es ist keine Wunscherfüllungsmaschine. Oder genauer: Es achtet sehr gut darauf, dass seine Wünsche ebenso erfüllt werden wie meine. Die Wünsche des Lebens haben eine ganz andere Dimension. Das Leben muss das Ganze im Blick haben, es kann sich nicht nur um Little Ms Dietmann kümmern. Es schaut, wie Ms Dietmann in das große Bild passt, im Wissen, dass sie da ohnehin besser aufgehoben ist. Gestern habe ich über das Leben von Martin Luther King recherchiert. In seiner letzten Rede, am Tag bevor er erschossen wurde, sagt er: "I have been to the mountaintop ... I fear no man."/ . I'm not fearing any man.

Er sagt, dass er auf dem Gipfel des Berges war und das versprochene

Land, die Zukunft gesehen hat und dass er keinen Menschen fürchtet. Einen Tag später wurde er von einem mehrfach vorbestraften Attentäter ermordet, vielleicht auch initiiert von einem seiner mächtigen Feinde. Sein Tod war, wie der Tod von Jesus Christus, eine Transformation für das ganze Kollektiv. Das meine ich mit: Das Leben denkt in den Dimensionen des Ganzen. Es verknüpft das individuelle Leben mit dem Leben aller.

Das Leben antwortet nicht nur. Es wartet auch auf Antworten.

Das Leben, wenn ich es als meinen wichtigsten Partner akzeptiere, lenkt mein persönliches Leben so, wie es für alle am wirkungsvollsten ist. Und hier der entscheidende Faktor: Das Leben ist nicht daran interessiert, alle in ihren Träumen weiterschlummern zu lassen und sie mit Illusionen zu betäuben. Das Leben ist daran interessiert, dass wir aufwachen.

Das Leben ist ein leidenschaftlicher Liebhaber und es verliebt sich nicht in Zombies.

Es verliebt sich in die, die mit derselben Leidenschaft voranpreschen. Das Leben antwortet nicht nur. Es wartet auch auf Antworten. Mein Buch ist eine solche Antwort auf das Leben. Ich lasse dem Leben hier vollen Raum und ich merke, dass ich an einem Punkt ankomme, wo ich das passive Erleiden hinter mir lassen kann. Ich kann das Leben hören und ich kann mich hinstellen und antworten. Ich habe eine Stimme.

Es bewegt sich tatsächlich etwas.

In den ersten Wochen meines Traumas, das am 1. Januar begann, veränderte sich nichts oder nur sehr wenig. Egal, was ich tat, die Abgeschnittenheit, der Hörverlust, das Herzrasen, die Panikattacken blieben. Wenn ich mit der Geschwindigkeit dieser Nicht-Veränderung weitergegangen wäre, ginge es mir jetzt wesentlich schlechter. Schon allein der Gedanke an diese Zeit lässt mich vollkommen einbrechen, bringt die Lähmung zurück. Schnell raus hier ... Auf die andere Seite ... Wenn ich mir klar mache, wo ich jetzt bin, welche Sätze ich mit vollem Bewusstsein, mit voller Unterstützung der Sprache schreiben kann, ohne dass sie sich wie eine Lüge anfühlen, ist das ein Wunder. Und dieses Wunder hat das Leben vollbracht.

Das Leben schickt mir Liebesbotschaften.

Das Leben hat mich aufgesucht, das Leben flirtet mit mir, das Leben schickt mir Liebesbotschaften. Es ist eine wahrhaft gleichberechtigte Beziehung mit uns. Das Leben nimmt mich vollkommen ernst. Es ist der krasseste Liebhaber, den ich mir hätte wünschen können. Denn was wünsche ich mir denn von einem Geliebten? Keine Lügen! Dazu gehört auch: Kein Selbstbetrug. Das erlaubt mir das Leben nicht. Das erlaubt es mir nicht und auch keinem anderen. Darin liegt die Kraft.

Jetzt werde ich sehr müde. So müde, wie man es nur wird, wenn man auf dem Boden der Wahrheit angekommen ist – und all die Widerstände, die sich gegenüber der Wahrheit aufgebaut haben, wie ein schwarzer Nebel nach oben steigen. Es ist eine gute Müdigkeit.

Ich schreibe dennoch weiter, noch drei Seiten heute. Das ist mein Deal mit dem Leben und ich will weder das Leben noch mich betrügen. Partnerschaft bedeutet, sich an Vereinbarungen zu halten.

Zeit ist ein präzises Bewusstseinselement.

Ich nehme den Faden wieder auf, den ich verlassen habe, als meine

Tochter Lea anrief. Ich wollte über das Wesen der Zeit schreiben und die Zeit hat sich prompt zu einer Manifestation hinreißen lassen. Auf der Ebene von Bewusstsein, auf der ich mich jetzt befinde, hat Zeit oder besser Timing eine eigene Qualität.

Timing ist einer der Kanäle, auf denen das Leben zu uns spricht.

Das Leben als enger Gefährte kann nicht wie ein Mensch mit uns sprechen oder sich der üblichen Kommunikationsmittel wie E-Mail, Telefon oder Notizzettel bedienen, aber es hat andere Möglichkeiten zu sprechen. Darin liegt die Herausforderung, die Sprache des Lebens zu lernen wie eine Fremdsprache, die man irgendwann mühelos versteht. Eines der Sprachelemente ist das Timing von Ereignissen. Wann passiert etwas? Es geht nicht nur darum, in das Bewusstsein des Augenblicks einzutauchen durch Meditation und innere Reisen. Es geht auch darum, das Bewusstsein des Augenblicks in den äußeren Ereignissen zu verstehen, genau wie eine Sprache. Warum läuft 3 Tage hintereinander ein junger Mann an genau derselben Stelle die Straße entlang und tut, ohne es zu wissen, etwas, das sich für mich als perfekt sinnvoll darstellt?

Gestern sehe ich Vicky, die Heldin aus meiner Amazonen-WG, nachdenklich in der Küche sitzen. "Du siehst ein wenig mitgenommen aus" sage ich, während ich mir ein wenig hektisch ein Brot schmiere. Ich habe vor fünf Minuten beschlossen, dass ich meinem persönlichen Irrsinn entfliehen muss durch einen Kinofilm, der in 10 Minuten anfängt. Vicky sagt, dass sie und ihr Freund sich getrennt haben und dass ihr Hab und Gut sechs Stockwerke tiefer im Hauseingang steht. Vicky ist jetzt auf einer Gefühlslaufbahn gelandet wie ich. Ich streiche den Kinobesuch und wir tragen ihre Kisten hoch, öffnen zwei Flaschen Wein. Cecelia ist auch dabei und legen Karten, um auf die Höhe unserer selbst zu kommen. Warum von allen Orten auf der Welt bin ich in dieser WG gelandet, wo ich Frauen finde, die in einer anderen Lebenswelt zuhause sind, 20-30 Jahre jünger, aber bei denen ich mich zu Hause fühle?

Auf meinem Visionboard, einer Collage aus Bildern und Texten, die meine Wünsche zum Ausdruck bringen, steht ganz groß: Sehnsucht nach einem Zuhause. An diesem Abend, mit Vickys Traurigkeit, Cecelias Stolz auf ihr selbstgekochtes Essen mit Hühnchen und Tomaten und einem Frauen-Plausch in drei Sprachen, fühle ich mich zu Hause. Das Leben ist wirklich sehr gut.

Timing erkennt man an der Wirkung.

Wie lernt man das Timing als Sprache des Lebens zu verstehen? Es ist faszinierend, dass bestimmte Dinge ausgerechnet in bestimmten Zusammenhängen und zu einem bestimmten Zeitpunkt geschehen. Man sagt dann: Mehr als Zufall.

Das eigentliche Erkennungsmerkmal ist jedoch, dass das Ereignis, das einem als mehr als zufällig erscheint, mit einer starken Gefühlsreaktion verbunden ist. Deshalb ist es auch so schwer an andere zu vermitteln. Man erzählt anderen davon und sie geben einem das Gefühl, dass alles auch nur Zufall gewesen sein könnte. Auch wenn sie selbst schon genügend nicht-zufällige Zufälle erlebt haben und zustimmend nicken, sie fühlen es nicht wie du. Weil es nur für dich richtig Sinn macht. Weil es in der eigenen Gefühlswelt einfach ein Volltreffer ist.

Und dazu gehören eben alle Elemente des eigenen Lebens, das ganze persönliche Bezugssystem, das kein anderer komplett nachvollziehen kann. Der eigene Verstand sagt dann, angesteckt von den anderen, vielleicht auch: Alles nur Zufall, habe ich mir nur eingebildet. Aber ein anderer Teil von dir staunt einfach.

Es fängt an mit Staunen

Wenn man anfängt, die Sprache des Lebens zu lernen, hat man es zuerst mit einem Gefühl des Staunens zu tun. Es passieren Dinge, wo man einfach sprachlos ist. Die Sprache, die man bislang kennt, reicht nicht aus. Das Leben spricht scheinbar Kauderwelsch. Im Grunde ist es ganz einfach, die Sprache des Lebens zu lernen: Man muss nur den Gefühlen folgen und davon ausgehen, dass es auch weh tun kann. Man muss sich nur fragen, welche Ereignisse rufen starke Gefühlsreaktionen hervor und sich dann das Ereignis genauer anschauen. Gefühl ist die Währung der Lebenskraft. Gefühlskraft ist die Power, mit der uns das Leben ausstattet, wenn wir das Leben zu unserem besten Freund machen.

Denn mit Gefühlskraft kommen wir weiter als mit Willenskraft. Es waren Gefühle, die Martin Luther King und alle, die seinen Kampf mitkämpften, dazu gebracht haben, sich zu friedlichen Demonstrationen von 200 000 Menschen zu versammeln. Gefühle und nicht ein Businessplan. Alle Menschen wissen das und fühlen das tief innen, weil alle Menschen an Kraft und Überleben interessiert sind.

Und das Leben weckt und fördert diese Gefühle, indem es uns mit perfekt getimten Ereignissen konfrontiert. Das Leben erlaubt uns nicht, in unseren finsteren Überzeugungen hängenzubleiben. Gerade, wenn wir felsenfest überzeugt sind, dass das Leben uns nur verarschen will, dass wir ihm jetzt endgültig die A...karte zeigen, tischt es uns Ereignisse auf, die Gefühle wecken, über die wir nur staunen können.

Das Staunen ist der Anfang und das Ende aller Begegnungen, die wir mit dem echten wahren Leben haben können.

Ich habe die 12,5 Seiten für heute geschafft, ich habe meine Verabredung mit dem Leben eingehalten.

Eben klopft Vicky an die Tür. Eben hat sie die Zusage für ihren neuen Traumjob bekommen. Das Leben IST GUT.

Tag 11 – Wer bin ich und was ist meine Geschichte?

Tag 11. Ich wache auf wie jeden Morgen mit einem Gefühl der Lähmung und Düsternis. Mit einer Müdigkeit, die man nicht mit Schlaf kurieren kann. Ich verhandle mit mir, ob ich heute einen Tag Pause mache. Vielleicht setze ich mich zu sehr unter Druck, vielleicht sollte ich mir etwas Erholung gönnen. Aber ich weiß auch, dass ich dann aus dem Bewusstsein herausfalle und das Trauma gewonnen hat. Es gibt nur den Weg voran. Heilung ist eine radikale Angelegenheit. Radikal ist ein anderes Wort für klar: Es ist ganz einfach, entweder ich werde gesund oder ich werde krank. Es geht nur darum, den Unterschied zu fühlen.

DAS ist etwas, was ich definitiv zu unterscheiden lerne: Ob mich etwas gesund oder krank macht – und die Konsequenzen sind radikal. Bestimmte Dinge gehen nicht mehr. Bestimmte Realitäten müssen radikal ausgeblendet werden. Diese Unterscheidung kann nur ich treffen, deshalb kann ich auch zu keinem Therapeuten oder Arzt gehen, denn er heilt nach Schema, ich aber heile mich jenseits aller Vorstellungen von Heilung. Die Heilung findet jenseits von Konzepten und Methoden statt. Und was hat ein Therapeut anderes als Konzepte und Methoden? Meine Heilung muss anders vor sich gehen. Das muss sie, denn das Bekannte hat mich ja krank gemacht. Damit meine ich nicht das bekannte Wissen, sondern das bekannte Energiefeld, in dem ich lebe und in dem das bekannte Wissen enthalten ist und gefühlt wird.

Heilung ist der Zugang zu einem noch unbekannten Bewusstsein, jetzt. Alles andere macht krank. Ein echter Heiler oder Arzt oder wie auch immer man ihn oder sie nennen mag, ist mehr ein Künstler als ein Wissenschaftler. Nein, ich formuliere das noch klarer:

Heilung ist Kunst, nicht Wissenschaft.

Heilung ist, wenn ein einzelner Mensch Zugang zu einem noch unbekannten Bewusstsein findet, das nur für ihn oder sie zugänglich ist. Heilung ist höchst individuell und ein reiner kreativer Prozess. Alles andere ist Betäubung und Versklavung und ein langsames Absterben vom Tag der Geburt an.

Es ist nichts zu sagen gegen das herrschende Gesundheitssystem, das uns Menschen eine historisch einmalige Gesundheit und Langlebigkeit schenkt, aber wir müssen weitergehen. Ein entscheidendes Element muss hinzugefügt werden: Das Bewusstsein über den Prozess der Selbstheilung.

Ein Zitat aus dem Deutschen Ärzteblatt vom 2. März 2012:

"Niemand kann einen anderen Menschen gesund machen. Jede Heilung ist immer und grundsätzlich Selbstheilung. ... Wie soll jemand auf die Idee kommen, Verantwortung für seine Gesundheit zu übernehmen, dem von Kindesbeinen an erklärt wurde, dass der eigene Körper wie eine Maschine funktioniere?"

Prof. Dr. rer. nat. Gerald Hüther. *Leiter der Zentralstelle für neurobiologische Präventionsforschung der Universitäten Göttingen und Heidelberg/Mannheim.*

Noch ein weiteres Zitat aus demselben Artikel, das ich anführe, weil das deutsche Ärzteblatt ein wirksamer Bestandteil des kollektiven Bewusstseins ist und die Tatsache, dass die zitierten Aussagen darin abgedruckt werden, Bedeutung für unser Bewusstsein hat.

"Jedes Mal, wenn man sich für etwas begeistert, wird im Gehirn ein besonderer Cocktail an neuroplastischen Botenstoffen ausgeschüttet. Und der wirkt wie ein Dünger auf die Nervenzellen und neuronalen Vernetzungen, die in diesem Zustand besonders intensiv genutzt, also aktiviert werden. Wie soll ein Mensch die Verantwortung für seine Gesundheit übernehmen – und wie sollen in seinem Gehirn die dazu erforderlichen Netzwerke mit dem Dünger der Begeisterung gestärkt werden – wenn ihm bisher alle Verantwortung dafür abgenommen wurde."

Ich brauche Begeisterung und gute Gefühle, um gesund zu werden.

Das ist der Keil, den das Trauma in meine Wahrnehmung getrieben hat: Ich finde den Zugang zum Glücklichsein nur unter großer Anstrengung. Sobald ich loslasse, kommt die Düsternis zurück. Deshalb: Keine Pause. Im Schreiben kann ich düster sein, aber ich bin es mit Bewusstsein und das Bewusstsein führt mich aus den negativen Vernetzungen heraus.

Darum dreht sich alles: Wie finde ich den Weg in die Lebenskraft und Begeisterung, die mich gesund machen und gesund erhalten?

Das ist meine kreative Herausforderung. Ich habe den Test gemacht, heute Morgen in meinem dunklen Nebel. Ich habe mich selbst, meine Bewusstseinsdisziplin, losgelassen ... Was ist passiert? Ich habe Meeresrauschen vor meiner Balkontür gehört. Ich hatte ein sehr reales Gefühl, in einem Hotelzimmer an der Küste von Amalfi zu sein, wo ich vor zwei Monaten noch mit meinem Geliebten einen Urlaub verbracht habe. Das ist der Weg, den mein losgelassenes Bewusstsein sucht, um sich gut zu fühlen. Einen Augenblick lang fühle ich mich gut, sehr gut sogar. Es ist das irreale Wohlgefühl einer Droge. Aber die Realität kehrt zurück, sie lässt sich nicht ausblenden. Meine Heilung gleicht einem Drogenentzug, einer Entwöhnung von 30 Jahre alten Gewohnheiten. Das geht nicht anders als mit brutaler Disziplin.

Mein Gehirn, meine Gefühle brauchen mich, um neue neuronale Bahnen und Netzwerke anzulegen, über die ich den Gesundheits-Glücks-Cocktail finde. Sie brauchen eine innere Führung, die entscheidet, was mich gesund macht und was nicht.

Meine innere Führung muss unterscheiden können, wann ich einer Blendung zum Opfer falle.

Das Trauma hat recht, wenn es mich von der unerträglichen Wirklichkeit abschneidet, wenn es mir Traumbilder vorgaukelt, um mich zu schützen. Für den Augenblick hat es recht. Auf lange Sicht aber schaffe ich mir irreale Welten, in denen Pseudo-Heilung stattfindet und ich süchtig werde nach irrealen Träumen und Kompensationen – ohne es überhaupt zu merken! Das ist das Gefängnis des Traumas, der selbst gemauerte Kerker, in dem ich sitze, angekettet von meiner eigenen Angst vor Freiheit.

Ich lerne also, dass ich zwei Dinge unabdingbar brauche: Meine eigene Wahrnehmung, unabhängig von allem, was ein anderer oder meine Kultur sagen mag. Und ich brauche einen Weg ins Unbekannte. Ich brauche das Bewusstsein der Gegenwart, das aus sich selbst heraus einen Prozess der Wandlung hervorbringt.

Dann können mein Gehirn, mein ganzer Körper auf der physischen Ebene, die durch das Trauma verletzt wurde, neue Gegebenheiten schaffen.

Dann können in Verbindung mit dem Körperlichen neue Gefühlsabläufe entstehen, neue Gedanken, neue Vorstellungen. Diesen Prozess kann ich in 16 Tagen nicht vollenden, aber ich kann eine entscheidende Wendung vollziehen und das spüre ich bereits.

Warum dieses Buch nicht nur für mich ist.

Ich bin mir bewusst, dass mein Schreiben die Form eines Tagebuchs hat. Ich bin vollkommen transparent. Bis auf die Tatsache, dass ich keine Details aus meiner persönlichen Geschichte erzähle. Das darf ich schon aus Gründen der Wahrung des Persönlichkeitsrechts nicht. Der andere Grund ist, dass das Zurückschauen mich nur davon abhält, jenes neue Bewusstsein, jenen neuen Körper zu schaffen, den ich zu meiner Heilung brauche. Meine persönliche Geschichte ist stellvertretend für die Geschichten vieler. Genau das möchte ich ja mit dem Prozess des Bewusstseins, den ich eröffnet habe, zeigen: Es kommt nicht auf die äußeren Fakten an. Der Trauma-Prozess ist ein energetischer Prozess, der viel mehr bestimmt wird von Faktoren wie Augenblicks-Bewusstsein, Prozess-Bewusstsein und Erweiterung der Wahrnehmung als davon biografische Details aufzuarbeiten.

Als Autorin und Verlegerin kenne ich außerdem das Wirken der Medien und der öffentlichen Meinung, das oft genug dem Trauma noch das Trauma der öffentlichen Denunzierung hinzufügt. Die Medien leben von schlechten Nachtrichten und wer dafür herhalten muss, ist ihnen egal. Sie leben von schlechten Nachrichten, weil sie von starken Gefühlen leben und die sind in unserem kollektiven Bewusstsein eher nicht auf der Seite der Begeisterung zu finden. Die Medien bedienen das kollektive Trauma, jenes Gefüge von Meinungen und Vorstellungen, das uns überhaupt erst krank macht. Das ist kein Vorwurf, Medien sind Wirtschaftsunternehmen und das Geld ist ein neutraler Spiegel der Verfassung unseres Bewusstseins. Ich diene aber weder mir selbst noch sonst irgendjemandem, wenn ich mich selbst der Öffentlichkeit mit persönlichen Details zum Fraß vorwerfe. Damit bediene ich nur das kranke Bewusstsein, dessen Opfer ich wurde.

Ich bin ein sogenannter Amateur.

Noch eine weitere Botschaft, die mir wichtig ist: Ich bin eine Amateurin auf dem Gebiet der Trauma-Therapie. Ein ausgebildeter Trauma-Therapeut mag vieles wissen, was nützlich ist, aber hat er den Zugang zum reinen kreativem Bewusstsein, von dem alle Heilung ausgeht? Vielleicht wird es in Zukunft viele solche Therapeuten geben. Das hoffe ich sehr und deshalb schreibe ich dieses Buch in Form einer radikalen Selbstoffenlegung.

Wie das Leben, mein neuer Geliebter, es will, hat es in eines meiner Seminare eine Autorin und Trauma-Therapeutin geschickt, die sich Zeit nahm, meine Situation mit mir zu besprechen. Das war hilfreich, weil es mir bestätigt hat, dass ich nichts übersehen habe, dass mir keine wesentliche professionelle Information fehlt. Dass ich meiner Wahrnehmung trauen kann. Hinzu kommt – und dies ist ein wesentlicher Schritt für mich, etwas was mir gestern Abend bewusst wurde, als ich mit meiner lieben Freundin Elke Wedig beim Thailänder speiste: Ich bin nach offiziellen Kriterien vielleicht ein Amateur. Ich habe keine Ausbildung als Trauma-Therapeutin oder als Therapeutin überhaupt. Ich bin keine Ärztin, ich habe keine Erfahrung mit der Heilung von Trauma-Prozessen.

Ich habe Fähigkeiten, für die es keine Titel gibt.

Meine Freundin Elke leitet ein großes Reitzentrum und besitzt, ernährt und pflegt 14 eigene Pferde, zwei Esel, Hunde, Katzen und Hühner und darüber hinaus noch zahlreiche Pferde anderer Besitzer. Sie hat kürzlich ihren 60. Geburtstag gefeiert, eine große Feier im Festsaal ihres Zentrums, bei dem sie die mit Abstand attraktivste Frau im Raum war. Was ich damit sagen will: Elke kennt sich aus mit dem Leben und vor allem mit Pferden. Wenn ich mit ihr spreche ist die therapeutische Wirkung garantiert. Das liegt unter anderem daran, dass jemand, der sein Leben, wie Elke, mit Pferden verbracht hat, selbst zu einer Art Pferd wird. Und es hat damit zu tun, dass ein Pferd all jene Fähigkeiten hat, die ein guter Trauma-Therapeut braucht: Es gibt die Verantwortung an einen selbst zurück, es nimmt einen vollkommen wahr und vollkommen ernst und es bringt einen freiwillig oder unfreiwillig in einen Prozess. Es begleitet den Prozess mit vollkommenem Gegenwarts-Bewusst-Sein.

Menschen, die bewusst mit Pferden umgehen und das tut Elke, übernehmen diese Eigenschaften. Ich gehöre auch zu diesen Menschen. Ich studiere und unterrichte seit vielen Jahren die Heil- und Wachstumsprozesse, die Pferde bei Menschen bewirken. Und mir wird bewusst, dass ich ohne es zu wissen, all die Jahre schon die Prozesse anleite, die eine Trauma-Heilung ausmachen. Bekomme ich dafür einen Titel? Werde ich dafür als Profi anerkannt?

Nein. Meine Fähigkeiten fliegen unterhalb des öffentlichen Radars. Deshalb sind sie nicht weniger wirksam. Bisher habe ich mich selbst als Amateur gesehen und voller Hochachtung auf Menschen mit Titeln geschaut. Das hat sich gestern geändert. Elke hat viele Titel, aber sie nutzt keinen von ihnen. Sie nutzt etwas anderes, um ihr Leben zu gestalten: Ihre Liebe und ihre Einfühlung in Tiere.

Auch ich nutze Fähigkeiten, für die es keinen Titel gibt. Und ab sofort werde ich sie in der Wertigkeit gleichstellen mit den Fähigkeiten anderer Menschen.

Ich werde mich nicht länger als Amateur fühlen, als Unfähige, als Unwissende. Ich werde dem Leben vertrauen, dass es mir die notwendige Information zum richtigen Zeitpunkt zukommen lässt. Das Leben selbst wird meine höchste Instanz und Autorität sein – niemand sonst.

Meine Fähigkeit, mit dem Leben zu kooperieren, mich mit dem Leben zu verbinden, ist der Kern meiner Professionalität.

Was das Leben dazu sagt:
Ich kam nach Hause von jenem inspirierenden Abend mit Elke. In der Küche brannte noch Licht. Vicky und Cecelia saßen am Küchentisch und plauschten.

"Rate, was passiert ist", empfingen sie mich. Dazu muss man wissen, dass wir am Abend zuvor Karten gelegt hatten. Ich hatte mich als Kartenlegerin betätigt, eine Lieblingsbeschäftigung von mir.

Vicky: "Du kannst jetzt nicht behaupten, dass du Kartenlegerin bist. Du bist kein Profi."

Ich: "Ich bin sehr wohl Profi im Kartenlegen."

"Du kannst so viele Sachen. Du kannst jetzt nicht auch noch Kartenlegerin sein."

Ich mag Vickys Art alles zu prüfen. Sie will sich schließlich nicht verarschen lassen.

"Ich bin Kartenlegerin – und wenn du mir nicht glaubst, fuck you."

Wir zogen also lustig Karten. Cecelia wollte wissen, wie sie ihre große Liebe finden kann. Die Karten waren auskunftsfreudig. Sie schaute mich aber immer noch skeptisch an.

Da schoss es mir in den Sinn und ich sagte laut, ganz Hellseherin: "Dein zukünftiger Mann heißt Erik und ist ein Skandinavier."

Cecelia verblüfft: "Ich wollte immer, dass meine Kinder in Skandinavien zur Schule gehen. Wenn das stimmt, was du sagst, lade ich dich zu meiner Hochzeit ein."

Was also war passiert ... Zurück in die Küche nach dem Abend mit Elke.

Cecelia: "Ich habe heute in der U-Bahn einen Mann kennengelernt. Er wurde mir vorgestellt von einem Arbeitskollegen. Ich fragte ihn nach seinem Namen. Er heißt Erik!"

Danke, liebes Leben ...

Es wurde ein sehr lustiger Abend. Vicky und ich hatten schon am Abend zuvor versucht, Cecelia zu erklären, was das Wort "krass" in der deutschen Sprache bedeutet. Also "Erik" war "krass"!

Vicky – oder auch mein neuer Liebhaber, das Leben, hatte schon weiterführende Pläne geschmiedet. Am Samstag war Cecelias Geburtstag, außerdem sollte Vickys neuer Job gefeiert werden. Wir würden einem der angesagtesten Stuttgarter Clubs einen Besuch abstatten.

"Du musst mit", sagte Vicky, bevor ich anheben konnte zu sagen, dass ich seit 10 Jahren in keiner Disco war und auch keine High Heels im Schrank stehen hatte.

"Tu nicht so, als wärst du 80", sagte Vicky zu mir, kurz bevor wir feststellten, dass ich 2 Monate jünger war als ihre Mutter – die übrigens immer gern mitging in die Clubs in Spanien, wo Vicky herkommt, wie Vicky uns jetzt erzählte. „Sie war immer die Letzte und wir mussten sie von der Tanzfläche holen."

Vicky rief einen Xavier Naidoo-Song auf YouTube auf: "Schau nicht mehr zurück". Ich fühlte mich verdammt zuhause.

Eben komme ich von einem Ausritt bei großartigem Sonnenschein über der immer noch schneebedeckten Landschaft am Fuß der Schwäbischen Alb wieder. Die Autofahrt dahin habe ich es tatsächlich fertiggebracht, mich nicht durch eine Hör-CD abzulenken. Nein, ich hielt es ganz allein mit mir in einem Auto aus. Auf der Rückfahrt waren meine Ohren GANZ frei. Mein Pferd ist immer noch mein bester Heiler. Überhaupt fühlt sich das Leben auf einmal so echt an, wie ich es kenne ... Als Abenteuerspielplatz, als mystische Raumstation mit faszinierenden Bewohnern. Unterwegs auf dem Ausritt beggnete mir eine Frau, die mir entgegenlachte und sagte: "Ich lese gerade dein Buch "Das Medizinpferd" und ich kann es gar nicht weglegen." Das Leben, meine neuer Liebhaber, hat Rosen eingekauft für mich.

Zuhause erzählt Cecelia, dass sie Erik in der U-Bahn wiedergesehen hat und dass er sie zu einer Party am Samstag eingeladen hat. Ich sage, "Da musst du hin."

Cecelia: Nein, wir sind doch schon verabredet."

"Aber ..."

Cecelia meint, dass sie auch noch ein andermal auf eine Party von Erik gehen kann, und dass man ja interessanter wird, wenn man sich ein wenig rarmacht. Also, ich freue mich jetzt richtig auf den Club und finde toll, dass sie so eine Einladung an ihrem Geburtstag ausschlägt, um mit uns Fun zu haben. Auf dem Rückweg vom Pferdestall habe ich nämlich doch eine Hör CD gehört: Bodo Schäfer: "Der Weg zur finanziellen Freiheit" und da ist die Rede davon, dass man reich wird, indem man ständig die Komfortzone verlässt. Indem man sich, ja so wird das wortwörtlich dort formuliert, auf "eine Krise nach der anderen" freut. Vor ein paar Tagen hätte ich wahrscheinlich einen Wutanfall bekommen bei diesen Worten, aber vor ein paar Tagen hätte ich die CD gar nicht erst gehört. Ich suche genau diese CD seit Wochen. Ich hatte sie schon als Umzugskalamität abgeschrieben, aber vor ein paar Tagen tauchte sie auf, in der Aufbewahrungsbox zwischen den Vordersitzen meines Autos. Das Leben hat eben stets präzises Timing.

Interessant ist, dass der Weg zum finanziellen Wohlstand derselbe ist wie der zur Gesundheit: Ich muss mein Bewusstsein in die Gegenwart bringen und es dann stets erweitern. Das ist auch Bodo Schäfers Formel. Warum hat mir das in der Schule niemand gesagt?

Hier ein paar Zeilen aus dem Song von Xavier Naidoo und Kool Savas:

"Heut ist ein neuer Beginn, ein neuer Anfang, ein neuer Start
Ein neues Kapitel, ein neuer Schritt in 'ne neue Richtung, ein neuer Tag
Und ich lass den Ballast von gestern hinter mir
Öffne die Augen, versuch meine Ziele zu fokussier'n.
Sie halten mich nicht auf, kriegen mich nicht weg
Ich pack mein Herzblut in das hier
Zünd eine Kerze an, vergiss den Schmerz für ein' Moment
Ich ging durch Tiefen und durch Höhen, aber immer weiter
Ich blick zurück, es war nicht immer einfach
Doch jetzt kann ich nimmer scheitern
Rap is my life und jeder Vers 'n Satz im Tagebuch
Jede dieser Melodien: Heilung pur, du sparst dir'n Arztbesuch
Silben, Worte, lass sie flown wie Nasenblut
Ich mach mein Ding, auch wenn sie glauben ich wär verrückt
...
Man kann nur für sich selber stehen
Man sollte sich vor gar nichts fürchten
Es gibt keinen Grund nicht nach vorne zu sehen
Ich dreh mich nochmal um, mein letzter Blick ins Vorbei
Salutier der Vergangenheit, lass nicht zu, dass mich der Zweifel noch geißelt
Meine Entscheidung: Frei sein oder mich fallen lassen
Hör nicht mehr hin, wenn sie meinen, du musst dir vom Schicksal alles gefallen lassen
Niemals, erhebe Veto, lieber mühsam als leblos
Auch wenn es wehtut, bezwing jede noch so reißende Strömung
Ich seh hoch, gleich was sie sagen, wer's lenkt, leitet und drückt
Mein Leben, meine Bestimmung!"

Tag 12

Zum ersten Mal wache ich auf ohne Herzrasen, ohne in Schweiß gebadet zu sein und ohne mich elend zu fühlen. Ich wache auf mit einem Gefühl von tiefem Frieden. So wie ich es viele Jahre gekannt habe. Zum ersten Mal seit langem kann ich wieder tief atmen, ein unglaublich wundervolles Gefühl. Mit jedem Atemzug strömt Heilung in meinen Körper. Zuvor hatte mein Atem gerade zum Überleben gereicht, jetzt ist es ein heilsamer, erfrischender Atem. Halleluja. Es ist möglich. Auch meine Gedanken sind viel freier, die Erkenntnisse purzeln, ich bin wieder kreativ. Es ist wie ein Aufwachen aus einem langen Schlaf. Okay, meine Ohren rauschen wieder, aber ich bin voller Hoffnung.

Auch heute Morgen weine ich. Ich sehe das Gesicht von Willibald Jäger, dem christlichen Mystiker, in einem Artikel der Zeitschrift "Visionen" zu seinem 90. Geburtstag. Der Ausdruck von Frieden lässt mich weinen.

"Der Tod des Ich ist die Voraussetzung für die Erfahrung Gottes",
sagt Willibald Jäger.

Heilen ist etwas anderes als gesund werden. Heilen ist eine Berührung auf der Seelenebene, ein sich Verbinden mit der allgegenwärtigen Heilkraft des Lebens, ein sich Tragen lassen vom Strom des Lebens.

Um zu heilen, muss ich das Leben kennenlernen und mich selbst. Zu diesem Heilprozess suche ich auf vielen Wegen Zugang und finde viele Tore und erlebe, wie das Wunder geschieht. Ich bin aus der Trauma-Zone so weit herausgekommen, dass ich mit einem ruhigeren Atem weitergehen kann. Ich muss mich nicht immer im selben Kreis drehen, was das Kennzeichen des Traumas ist, die ewige Wiederholung desselben Fluchtversuchs mit der ewigen Wiederholung desselben Scheiterns. Nein, ich bin aus dem Teufelskreis herausgetreten.

Es ist interessant dass, der "HEILungsbegriff etymologisch eher durch ein *Ganz-Werden* bestimmt ist (siehe „Heil"), bezeichnet *genesen* (von griechisch *neomai)* ursprünglich ein Davongekommensein aus einer Gefahr." (wikipedia)

Der ursprüngliche Begriff verweist auf den ursprünglichen Prozess, auf das Trauma.

Ist jede Heilung "Trauma-Heilung" und ist jede Krankheit eine traumatische Erfahrung, deren Heilung sich auf allen Ebenen vollziehen muss?

Heilung bedeutet inneres Wachstum

Die Trauma-Therapeutin, die ich in meinem Schreibseminar kennengelernt habe, verwendete den Begriff "posttraumatisches Wachstum."

Ein Trauma, das legt die amerikanische Heilerin Karla Mc Laren sehr anschaulich in ihren Büchern dar, ist eine Initiation unter ungünstigen Bedingungen. Was Naturvölker mit Einweihungen bewirken wollen, nämlich eine profunde Transformation der Persönlichkeit durch einen Tod des Ich und die darauffolgende Wiedergeburt auf einer neuen Bewusstseinsebene, das geschieht auch bei einer traumatischen Erfahrung. Initiationen sind grenzüberschreitende Erfahrungen, genau wie ein Trauma. In der Initiation oder Einweihung geschieht die Transformation jedoch im Rahmen eines Rituals, das heißt getragen von einer Gemeinschaft und in einem bewussten Prozess. Die Art und Weise wie Grenzen überschritten werden, kann viele Formen haben: Durch Schlafentzug, Hungern, Durst, bewusst zugefügtem Schmerz oder der Konfrontation mit starker Existenzangst. Der rituelle Rahmen sorgt dafür, dass der Einzuweihende nicht in der Traumareaktion, in Flucht, Kampf oder Erstarrung steckenbleibt, sondern das Ziel der Initiation, nämlich die Geburt einer neuen Persönlichkeit mit erweiterten Fähigkeiten, erreicht. Der Prozess, die Transformation muss zu Ende geführt werden. Dann findet die Einweihung statt oder das was im Psychologendeutsch "posttraumatisches Wachstum" genannt wird.

Wer bin ich am anderen Ende des Traumas?

Bin ich jetzt dort angekommen? Bei der Einweihung? Beim posttraumatischen Wachstum?

Und wenn ja, wer bin ich an diesem neuen Ort? Kann ich das jetzt überhaupt sagen oder muss ich dazu noch ein paar Wochen oder Monate warten, um genügend Überblick zu haben?

Eines ist sicher: Ich weiß, dass alles, was ich zuvor gelernt und gedacht habe über den Zusammenhang von Seele und Körper, stimmt. Weil ich es erfahren habe. Und ich weiß, dass dies meine Arbeit nachhaltig beeinflussen wird. Bislang bin ich Coach in der Persönlichkeitsentwicklung mit Pferden und Naturkraft. Vor mehr als einem Jahr habe ich eine Ausbildung bei einem schamanischen Heiler begonnen, weil ich den Ruf dazu verspürt habe. Ich habe sie wieder abgebrochen, weil mir das Heilgebiet zu fremd war, weil ich selbst zu wenig betroffen war. Das hat sich jetzt geändert. Jetzt habe ich den Archetyp des "Verwundeten Heilers" kennengelernt. Der verwundete Heiler ist ein Selbstheiler.

Jemand, der ein Trauma erleidet und sich auf einem bewussten Weg selbst davon heilt, der einen tiefen Einblick in das Wesen der Heilung erhält durch die eigene bewusste Erfahrung.

Wir leben in einer traumatisierten Gesundheitskultur.

Mein Blick auf Gesundheit und Heilung hat sich grundlegend verändert. Wenn ich bei wikipedia Heiler eingebe, erhalte ich ein Bild der Lage: Ich werde weitergeleitet zu "Geistheiler" und erfahre: "Geistheilung ist ein Oberbegriff für eine Vielzahl unterschiedlicher alternativmedizinischer, esoterischer, religiöser oder magischer Behandlungsmethoden, die sich nicht in die wissenschaftliche Medizin oder die klassische Psychotherapie einordnen lassen."

Das ist das Gesundheitsweltbild, das wir alle verinnerlicht haben: Eine Trennung zwischen wissenschaftlichen und nicht-wissenschaftlichen Behandlungsmethoden. Eine Trennung zwischen Körper und Seele.

Eine weitere Trennung besteht zwischen Behandlungen der Psyche und der Seele. Zitiert aus wikipedia:

"Darüber hinaus ist in der Psychotherapie der Begriff der Heilung eng mit der Ebene der Psyche (Persönlichkeits- und Verhaltensstruktur) verwoben, wogegen spirituelle Traditionen ihren Fokus auf den Begriff der Seele setzen."

Wir leben in einer Kultur, in der unsere Gesundwerdung in Segmente geteilt ist: Wissenschaftliche Behandlung (alles was wissenschaftlich beweisbar ist), Psyche (Psychotherapie) und Seele (Geistheilung). Das zeigt sich in unserer Sprache und in der gesellschaftlichen Bewertung der jeweiligen Behandlungsmethoden.

Ärzte (Wissenschaftler): lange, profunde Ausbildung, hohes soziales Ansehen, gutes Einkommen.

Psychotherapeuten (behandeln die Psyche) lange, profunde Ausbildung, hohes soziales Ansehen, gutes Einkommen.

Geistheiler (begleiten die Seele): individueller Ausbildungsweg, gesellschaftliche Skepsis und Ausgrenzung, geringes Einkommen.

Daran können wir sehr gut erkennen, wie wir als Gesellschaft mit unserer Seele umgehen. Unser Gesundheitswesen dringt nicht zum wesentlichen Heilprozess vor. Es hält uns in der Traumatisierung fest und nimmt uns damit das "posttraumatische Wachstum."

Alles ist zu etwas gut, sagt man.

Diesen Spruch habe ich in den letzten Wochen andauernd gehört. Beinahe jeder, dem ich von meiner Hörbeeinträchtigung erzählt habe, versuchte mich dadurch zu trösten. Für diese Geste des Mitgefühls war ich auf jeden Fall dankbar. Aber zu was meine Erfahrung gut war?

"Man geht gestärkt daraus hervor" ... posttraumatisches Wachstum. Aber wie geht das, wenn man drin steckt? Woher kommt die Kraft?

"Die Zeit heilt alle Wunden?" Aber wie lange muss ich warten?

Geistheiler müssen per Gesetz auf die Grenzen ihrer Behandlungsmethoden hinweisen. Dasselbe sollte für Ärzte gelten.

Geistheiler müssen auf ihren Webseiten, in ihrer Selbstdarstellung und gegenüber ihren Patienten deutlich erklären, dass sie keine Ärzte sind und keine Heilpraktiker. Die Befürchtung, die sich dahinter verbirgt ist, dass ein Patient eine notwendige ärztliche Behandlung versäumt. Im Beschluss des Bundesverfassungsgerichts vom 2. März 2004 heißt es:

"Eine mittelbare Gesundheitsgefährdung durch die Vernachlässigung notwendiger ärztlichen Behandlung ist mit letzter Sicherheit nie auszuschließen, wenn Kranke außer bei Ärzten bei anderen Menschen Hilfe suchen."

Von Heilern geht laut Gesetz möglicherweise eine Gesundheitsgefährdung aus. Und von Ärzten?

Da dieser Gerichtsbeschluss mich möglicherweise auch betrifft, weil ich die Wirksamkeit "ritueller Heilung" darstelle, erkläre ich hiermit vorsorglich, dass die Befolgung meine Überzeugungen im Krankheitsfall den Arztbesuch nicht ersetzen. Ich möchte aber hinzufügen, dass das Gegenteil ebenso gilt:

"Eine mittelbare Gesundheitsgefährdung durch die Vernachlässigung notwendiger Selbstheilung (unter Umständen durch die Begleitung eines Geistheilers) ist mit letzter Sicherheit nie auszuschließen, wenn Kranke außer bei sich selbst (oder bei Geistheilern) Hilfe suchen."

Ein Ohrenarzt, der mir sagt, dass es kein Medikament für mich gibt und dass ein Zusammenhang zwischen Stress und Hörbeeinträchtigung, wie ich ihn vermute, wissenschaftlich nicht beweisbar ist, hält sich an die Grenzen seines Berufsfeldes, aber als Mensch, der dem hippokratischen Eid ethisch verpflichtet ist, könnte er mich darauf hinweisen, dass es außerhalb des wissenschaftlich Beweisbaren Möglichkeiten gibt, die Selbstheilung zu aktivieren und dass ich dies auch bei einem Geistheiler erfahren kann. Vieles, von dem, was mir in diesen Tagen hilft, habe ich bei einer schamanischen Heilerin gelernt, bei Sharon Bringleson aus Colorado, USA.

Hier ein Auszug aus dem hippokratischen Eid:

"Ich werde ärztliche Verordnungen treffen zum Nutzen der Kranken nach meiner Fähigkeit und meinem Urteil, hüten aber werde ich mich davor, sie zum Schaden und in unrechter Weise anzuwenden."

Möglicherweise versteht jener Ohrenarzt Geistheilung als etwas, das dem Patienten Schaden zufügt. Oder er weiß nicht genügend über die Möglichkeiten der Selbstheilung, kennt nicht die neuesten Forschungen der Neurobiologie, die wissenschaftlich nachweisen, dass alle Heilung Selbstheilung ist. Weiß nicht, dass das Aktivieren der Selbstheilung das Aufgabengebiet des geistigen Heilers ist.

Ich mache diesem Arzt keinen Vorwurf. Mein Ärger verhilft mir nur dazu, das Schwert der Klarheit zu schwingen. Dieser Arzt lebt genau wie ich und alle anderen unter den Vorzeichen einer Kultur, in der das Bewusstsein über Selbstheilung, ohne die keine Heilung möglich ist, ausgeklammert wird.

Nicht nur Ärzte und Therapeuten, auch die Kirche ist von der Quelle der Heilung abgeschnitten.

Wir werden heil geboren, das Leben konfrontiert uns mit Krankheit, Unfall und Trauma, wir werden oberflächlich geheilt, die Seele bleibt krank. Die Kirche hilft nicht, auch wenn ihr geistiges Vorbild, Jesus, ein einzigartiger geistiger Heiler war und die Bibel voll ist von Fallbeispielen seiner Heilkunst. Die Kirche jedoch klammert die Quelle der Heilkunst, nämlich die Mystik, beflissentlich aus. Ihre begnadetsten Mystiker, wie zum Beispiel Willigis Jäger oder 800 Jahre zuvor Meister Eckehart, erhalten von der Kirche Lehrverbot. Von der Kirche, die für unsere Seele zuständig ist, ist auch eher Krankheit als Gesundheit zu erwarten.

Die zeitgenössische Hexenjagd: Ein Religionslehrer darf keine Wahrheit unterrichten, eine Trauma-Therapeutin, die mit Pferden arbeitet, wird ökonomisch ausgehebelt.

Zwei konkrete Beispiele, die mir in den letzten 10 Tagen begegnet sind: Auf dem Seminar von Esther Kochte habe ich einen Religionslehrer kennengelernt, einen leidenschaftlichen Lehrer und spirituellen Sucher, der seit einigen Jahren kein Religionslehrer mehr ist. Die Kirche hatte davon erfahren, dass er Seminare über Quantenheilung und andere spirituelle Konzepte besucht und ihn so lange zu Gewissensprüfungen einbestellt bis er seine Vocatio, die kirchliche Beauftragung zur Erteilung von Evangelischem Religionsunterricht, frustriert und empört zurückgab. Ein weiterer Mystiker, der die Fragen seiner Schüler und Schülerinnen ehrlich und profund beantworten wollte, und dem die Kirche Lehrverbot erteilte.

Eine der Autorinnen meines Verlags, Ute Wilhelms, ist eine überaus tapfere und kreative Pionierin auf dem Gebiet der pferdegestützten Therapie für psychiatrische Patienten. Unter hohem persönlichen Einsatz und Risiko hat sie einen Fachpflegedienst für Trauma-Betroffene eingerichtet, in dem die Pferde von Ute Wilhelms höchst wirksame Therapieprozesse in Gang setzen. Obwohl Ute Wilhelms alle fachlichen Voraussetzungen mitbringt, obwohl ihre Therapieerfolge von Ärzten bestätigt und bewundert werden, obwohl ihr die Patienten scharenweise zulaufen, weil sie bei den Pferden Heilung finden, die sie aufgrund ihrer Traumatisierung bei menschlichen Therapeuten nicht zulassen können, hat die Krankenkasse jüngst entschieden, dass Ute Wilhelms Einrichtung keine Kassenzulassung erhält.

Das bedeutet für die schwer traumatisierten Patienten, die meist arbeitslos sind, das Ende ihrer Therapie und für Ute Wilhelms die existentielle Gefährdung ihres Unternehmens.

Wir müssen mindestsens 2500 Jahre in der Geschichte zurückgehen, um Konzepte zu finden, die Heilung bewirken.

Unser Alltag ist voll Geschichten, in denen Heilung verhindert wird. Sie wird nicht nur verhindert, sie ist unbewusst mit so großen Ängsten belegt, dass wir sprichwörtlich vor ihr fliehen wie der Teufel vor dem Weihwasser. Ich kann aus meinem eigenen Leben zahlreiche Beispiele anführen. Egal, ob meine Seminare im "Schamanischen Reisen für Autoren", in denen angehende Schriftsteller Zugang zu ihren wahren poetischen Kraft finden, auf Facebook belächelt werden, ob meine Seminare in der Persönlichkeitsentwicklung für Pferde vom führenden Pferdemagazin als esoterisch abgestempelt werden oder ob ich ... und dieser Vorwurf trifft mich wirklich, als egogesteuerte Wichtigtuerin verurteilt werde – in spirituellen Kreisen, wo ich eigentlich Zuflucht gesucht habe. Egal, scheißegal!!! Was ich brauche, ist mehr Mut, in den Tabuzonen des kollektiven Bewusstseins nach den vergrabenen Leichen zu suchen.

Ich weiß nicht, ob irgendjemand dieses Buch lesen und etwas daraus ziehen wird, oder ob es als ein weiterer Beweis meiner narzisstischen Selbstbespiegelung abgetan werden wird, ob man mir Fastfood-Schreiben vorwerfen wird, weil ich ein Buch in 16 Tagen schreibe? – Nun der Rest meines Lebens steht unter demselben Zeitdruck und es ist ein Wunder, dass ich überhaupt so viel Zeit habe. Ob man mir Arroganz vorwirft. Ja, ich wirke vielleicht arrogant, aber das ist nur Ausdruck meiner existenziellen Angst, ausgeschlossen und vernichtet zu werden, von einem Kollektiv, das einen monströsen Schatten mit sich herumschleppt und jederzeit zuschlagen kann.

Eines wenigstens kann ich für mich feststellen: Es geht mir heute bedeutend besser als zu der Zeit, in der ich noch nicht so viele Fragen gestellt habe. Ich schreibe mit voller Kraft – und wenn es nur für mich allein ist ... Es ist Heilung.

Die christliche Religion hat unsere größte Heilquelle gekappt.

Wir müssen 2500 Jahre zurückgehen, um wirksame Heilkonzepte zu finden, weil die christliche Kirche leider unsere größte Heilquelle gekappt hat: Die Natur. Ihr Diktum: 'Macht euch die Erde untertan' ist nichts anderes als das Verbot, das Trauma zu Ende zu bringen und Einweihung zu erleben. Die Einweihung wurde in die Hände der Kirche verlegt, wo man uns das Wesentliche nahm: Die Lizenz zur Selbstheilung.

Ca. 1500 Jahre später wurde die Wissenschaft misstrauisch gegenüber der Religion, spaltete sich von der Religion ab und kochte ihre eigene Suppe, die da lautet: Nur das Beweisbare gilt. Die Natur, die unsichtbar, prozessorientiert und nicht wiederholbar heilt, hat hier nicht mehr die geringste Chance. Ein Pferd soll ein Heiler sein? Auch wenn man sich unter bekannten und erfolgreichen spirituellen Konzepten und Lehrern umschaut, findet man das unbewusste kulturelle Vorurteil, dass Tiere gegenüber dem Menschen minderbemittelt sind.

Hier fängt die Hybris – und damit die Krankheit – an: Der Mensch erklärt sich selbst zur Krone der Schöpfung. Und damit als unheilbar.

Transformation, der Kern des Heilprozesses ist ein Naturprozess. Er findet sich beim Menschen genauso wie bei Tieren. Auch ein Pferd, ein Hund, eine Katze oder ein Maulwurf erleben Traumata und Bewusstseinssprünge. Unser kostbarstes Gut – unser Bewusstsein – wir teilen es mit allem Lebendigen und dazu gehören auch das Wasser oder ein Stein.

Wenn wir nicht bereit sind, unser Ego so weit fallen zu lassen, dass wir die profunde Heilkraft eines Tieres und der Natur selbst anerkennen können, können wir gar nichts.

Ich schlage diesen provokativen Ton an, weil es um Dinge geht, die tief in unser herrschendes Weltbild eingreifen. Ich kenne viele der Widerstände und Ängste, die uns begegnen, wenn wir das sichere Terrain des gesellschaftlich Akzeptablen verlassen: Wir können kein Geld mehr verdienen, wir finden keinen Lover mehr, wir setzen unsere Kinder Gefahren aus. Warum sollten wir das tun, wenn es uns gut geht? Wir unternehmen erst etwas, wenn es uns nicht mehr gut geht. Wann geht es uns nicht mehr gut?

Mein Misstrauen gegenüber der gesellschaftlich vereinbarten Wirklichkeit reicht weit zurück. Deshalb habe ich den Weg der Künstlerin, der Philosophin, der Pferdefrau gewählt. Was mir dabei, ohne dass ich es zunächst im Fokus hatte, gegeben wurde, ist die Fähigkeit zu kommunizieren, die Sprache.

Mit der Sprache fängt alles an.

Wir haben keine Sprache für die Heilkraft der Natur. Wir haben keine Sprache für das Wesen von Transformation, das sich ohnehin am Rand des sprachlich Formulierbaren abspielt. Aber wir brauchen eine Sprache, denn die Sprache ist für uns Menschen ein Zugang zur Wirklichkeit. Nur wenn wir Worte finden, eine Sprache, können wir die Überzeugungen, aus denen unsere Wirklichkeit gebaut ist, verändern, können wir die krankmachenden Vorstellungen ersetzen durch solche, die gesund machen. Unsere Wirklichkeit ist aus Sprache gebaut und wir handeln aufgrund dessen, was wir in Worte gefasst glauben.

Wir können Veränderung jedoch nicht allein auf sprachlicher Ebene bewirken. Das hat mich meine Biografie gelehrt. Meine Biografie war eine Heilung durch Sprache, aber sie führte nur bis zu einem bestimmten Punkt. Das Non-verbale, energetische Element, die direkte Wirkung auf den Körper musste dazukommen. Der Weg zur Sprache war mir familiär und in dem kleinstädtischen Umfeld, in dem ich aufgewachsen bin, nicht unbedingt vorgegeben. Ich habe lange damit gekämpft, mich so eloquent ausdrücken zu können wie die Altersgenossen, die ich an der Universität und der Kunsthochschule getroffen habe. Dafür habe ich in meinem Umfeld etwas anderes Wesentliches mitbekommen: Ein Gefühl für non-verbale Kommunikation und ein untrügliches Gespür für das Authentische. Das habe ich unter anderem meinem Großvater zu verdanken, der mich schon früh mit Pferden in Berührung gebracht hat und meiner Familie, in der ich authentische Liebe erfahren durfte. Mein Sprachtalent und meine Liebe zu Büchern erlauben mir jetzt, diese Gaben zu kommunizieren.

Die Schlüssel für den natürlichen Heilprozess sind energetische Kommunikation und authentische Präsenz, getragen von urteilsloser Liebe.

Energetische Kommunikation ist etwas, das wir erlernen müssen. Es ist eine natürliche Gabe, die wir alle haben, die aber nicht ausgebildet ist. Wir müssen lernen, uns selbst und der Natur zuzuhören, deren Töne und Stimmen und Botschaften sehr leise sind. Ohne einen guten Lehrer ist es praktisch unmöglich, das zu lernen, weil wir gar nicht wissen, wonach wir suchen sollen. Und ohne direkten Kontakt mit der Natur, mit einem Pferd oder einem anderen Tier, mit Bäume oder Pflanzen, Feuer oder Wasser ist es praktisch ebenso unmöglich. Wir müssen der Tatsache Rechnung tragen, dass unsere Biologie auf ein Leben in der Natur ausgerichtet ist und nicht auf ein Leben in Großstädten. Es ist durchaus möglich, in der Großstadt zu leben und die Stimme der inneren Heilung zu hören, aber man sollte es von und in der Natur lernen.

Authentische Präsenz müssen wir trainieren. Wir trainieren es durch Selbstbeobachtung und einfache Fragen wie: Was passiert gerade? Was fühle ich jetzt? Was denke ich? Was fühle ich in meinem Körper? Und wie ist meine Realitätswahrnehmung? Bin ich anwesend oder abwesend? Dieses Training absolvieren bereits viele Menschen, die meditieren, Yoga machen, Kampfkunst oder sich kreativ betätigen.

Ich stelle fest, dass ich die Frage in der Überschrift meines Kapitels: „Wer bin ich? Und was ist meine Geschichte?", nicht beantwortet habe. Das Schreiben – oder das Leben – hat mich an einen anderen Ort geführt. Es geht mir gut und zugleich fühle ich, dass noch etwas auf mich wartet – eine Transformation, deren Inhalt ich nicht kenne.

Das Trauma hinter dem Trauma hinter dem Trauma

Mir wird auch bewusst, dass mein ursprüngliches Thema, die Trennung von meinem lebenslangen Partner in den Hintergrund gerückt ist. Sie war das Tor zu einem Prozess, der sich dahinter verborgen hat. Es geht nicht nur um dieses jüngste Ereignis, das mich aus der Bahn geworfen hat. Es geht um eine größere Verletzung, die dahinter steht, um ein Trauma, das nicht nur meine Haupt-Beziehung betrifft, das wahrscheinlich nicht nur mich persönlich betrifft, sondern meine kulturelle Prägung, die Verfassung des Kollektivs, in dem ich mich befinde. Das wird mir durch das Schreiben bewusst.

Im Rückblick kann ich sagen, es war richtig und gut, allen Schmerz zu mir zu nehmen und keine Vorwürfe, Ärger oder Schuld nach außen zu richten, auch wenn ich die Verlassene bin, (auch das ist relativ), auch wenn das Maß der Wut und Verletzung riesig ist. Heilung finde ich nicht, wenn ich in der Verstrickung steckenbleibe, sondern wenn ich das Muster dahinter entdecke, ein Muster, das nur meines sein kann oder ein von meiner Kultur geprägtes. Es hat viel Disziplin verlangt nicht nach dem Muster unserer Kultur zu handeln, Rache zu üben oder mich als Opfer zu fühlen ... lauter krankmachende Kompensationsmuster, mit denen wir in den Medien bombardiert, sprich zersprengt, werden.

Ich kann jetzt wahrhaft erkennen, dass die Einweihung oder das posttraumatische Wachstum aus dieser Quelle kommen. Die Kriegerin, die mir in lebensrettender brutaler Gleichgültigkeit das Herz herausschnitt war der erste Schritt in die richtige Richtung. Kein Opfer-Dasein, kein passiv-aggressives Leiden war. Es blieb nur die Leere übrig. Hatte es vorher noch einen Halt im Leiden gegeben, gab es jetzt gar keinen Halt mehr.

Ein langsames Sterben, in dem sich die Wunden öffneten. Dahinter zeigt sich die größere Wunde: Mein Verhältnis zum kollektiven Bewusstsein und meine Angst, von diesem Kollektiv vernichtet zu werden. Es zeigt sich auch meine Anhaftung an das Kollektiv in der Angst, meinen Kindern, die in diesem Kollektiv überleben müssen, Schaden zuzufügen, oder von ihnen verstoßen zu werden. Es zeigt sich auch meine Kraft, wahrhafte Verbindungen zu Menschen zu finden, durch die vielen Angebote, mich zu unterstützen und für mich dazu sein und das Bewusstsein, dass ich in der Tat eine Aufgabe habe.

Ich erkenne jetzt, dass in der Art, wie das Leben mich auf mich selbst zurückwarf, ich erkennen konnte, wer ich bin und was meine Geschichte ist, die sich zaghaft am Horizont abzeichnet.

So finde ich auf *S. 155*, am Ende des 12. Tages doch noch eine Antwort auf die Frage: *Wer bin ich?* Eine, die an das Ende ihrer Kraft gelangt ist und sich dem Leben übergeben hat. Die vom Leben gehört wurde und im Begriff ist, eine Antwort vom Leben zu bekommen.

Was ist meine Geschichte? Ich habe mich aus den Urteilen zurückgezogen und nach dem Authentischen gesucht. Und ich finde es – immer wieder.

Tag 13 – Wer bin ich wirklich?

13. Tag: Verdammt. Meine Ohren sind wieder vollkommen zu. Ich bin wieder ganz unten. Unten, aber woanders unten als noch vor ein paar Tagen. Das Thema Trennung ist weg. Auf gewisse Weise ist damit auch meine Krise weg. Nur die Taubheit in meinen Ohren ist noch da – und ich habe nicht einmal mehr eine Krise, auf die ich es schieben kann. Ganze Arbeit, kann ich da nur sagen. Ich bin jetzt mit mir selbst konfrontiert. Ich wollte ja gern über den Rand meiner kollektiven Konditionierungen springen, da bin ich jetzt. Ich verbrenne innerlich und es bleibt nichts übrig von mir, so fühlt es sich an. Mir raucht es in den Ohren.

Schon wieder ertappe ich mich bei einer Unwahrheit. Ja, das ist wohl die größte Erkenntnis auf der Reise in meine Wahrheit: Wie ich mich selbst betrüge, um mir eine angenehme Welt zurecht zu zimmern. Gibt es denn nirgendwo einen echten Ort, einen ganz reinen Ort der Wahrheit? Ist meine ganze Wahrheitseuphorie falscher Zauber? Selbstsuggestion?

Die Wahrheit ist, dass ich nicht länger in den Gefühlsverstrickungen mit meinem Partner festhänge, weil ich ihn seit der Trennung nicht mehr gesehen habe. Weil ich seine Stimme nicht mehr gehört habe. Nur ein paar Worte per WhatsApp auf das Nötigste reduziert. Die Vorstellung ihn zu sehen oder zu hören, triggert sofort meine Trauma-

Reaktionen, schon jetzt, wo ich darüber schreibe. Ich wende es dennoch zum Positiven: Es ist der Selbstschutz, der mir erlaubt, über den Rand des Traumas hinauszuschauen und so viel innere Kraft zu gewinnen, dass ich ihn irgendwann wiedersehen und -hören kann. Und wenn es vor dem Scheidungsrichter ist. Die Krise ist nicht überwunden, sondern in einem Stadium, wo ich vorwärtsgehen kann.

Vorwärts bedeutet heute abwärts.

Etwas wartet auf mich. Ich muss herausfinden, was meine Ohren hören wollen, wenn sie das, was ist, nicht hören wollen.

Mich nach Männern umsehen.

Der Tag gestern hat mich auf die Ebene kollektiver Weisheit geführt, das kollektive Thema Heilung und Gesundheit. Danach war ich aufgeladen mit Bewusstseinsnektar. Die Februarsonne strahlte so intensiv in meine Tonne des Diogenes, dass ich zu schwitzen begann. Es zog mich hinaus auf die Straße, unter Menschen. Nach wenigen Metern war ich auf der Königstraße, der Hauptschlagader von Stuttgart. Viele Menschen. Ich beobachtete meine Einsamkeit, ich sah mich um nach Männern. Männer in meinem Alter. Wie wirke ich? Wer schaut mich an ... Ich werde angeschaut. Mir fällt auf, dass ich nicht die Einzige bin, die allein und ohne Ziel die Straße entlang geht. Es ist ein anderes Gehen als das Gehen der Menschen, die einkaufen wollen oder zur U-Bahn eilen.

Ohne Ziel bin ich ganz da, ich schwimme in der Energie meiner Umgebung. Ich spüre die energetischen Felder. Ein Mann läuft an mir vorbei und dreht sich um. Vielleicht liegt es an meinem Mantel. Auf der Rückseite sind gelbe, rote und lila Rosen abgebildet.

Er gefällt mir. Ich kann ihn nicht einordnen. Er sieht nicht aus wie ein Geschäftsmann, von denen es hier viele gibt. Er trägt Jeans und die Schuhe ... eines Wanderers aus der Epoche der Romantik, Lederschuhe mit einem Schaft, der am oberen Rand nach außen fällt, vom vielen Tragen. Ein Wanderer wie ich? Sein Schritt hat diese Mischung aus Vorwärtsgehen und vom Wind in irgendeine Richtung getragen werden, auch wenn es hier in der Häuserschlucht keinen Wind gibt. Einen inneren Wind scheint es zu geben in diesem Mann und in mir, denn ich werde von einem gemeinsamen Wind bewegt. Er läuft schneller als ich ... oder ich langsamer als er? Ich bin sicher, dass er sich noch einmal umdrehen wird. Vielleicht zehn Meter von mir entfernt, dreht er sich noch einmal um. Er biegt ab in Richtung eines Kaufhauseingangs. Ich setze meinen Weg im Strom der Straße fort.

Es zieht mich in das Starbucks Café auf der gegenüberliegenden Straßenseite meines Zimmers. Ich habe das Gefühl, dass ich dort jemanden treffen werde. Ich habe diese Gewissheit, dass das Leben mir gibt, was ich brauche – und jetzt brauche ich eine Begegnung mit dem Männlichen. Wozu und warum weiß ich nicht. Im ersten Stock des Cafés befindet sich ein ungewöhnlicher Raum. Ein wenig wie eine Bibliothek in einer Universität.

In der Mitte steht ein langer breiter Holztisch, an dem einzelne Menschen sitzen in ihre Laptops oder Bücher vertieft. Außen herum einzelne Caféhaustische mit Stühlen, Sesseln, Sofas. Casual das Styling, ein paar unaufdringliche Deckenlampen. Die wahre Dekoration, das wahre Styling, das sind die Menschen, der Raum gibt ihnen Raum.

Ich setze mich in eine Ecke an einen einzelnen kleinen Tisch, auf dem ich meinen mit dem Starbuckslogo versehenen Becher mit Chocolate Mocha abstelle und einen kleinen Teller mit einem Karamell-Brownie. Ich bin unvermittelt glücklich – unter diesen Menschen, in diesem Raum. Der Raum erinnert mich an Flughafencafés, Zwischenräume zwischen Ländern und Kontinenten. An einen Tisch auf der gegenüberliegenden Seite setzt sich eine junge Asiatin. Daneben ein Paar wie aus einem Roadmovie. Ein junger Mann, der seine ausgestreckten Beine auf einem niedrigen Couchtisch abgelegt hat. Er hat den Kopf in den Nacken gelegt und redet mit einer Frau, deren fülliges braunes Haar bis fast an ihre

Hüfte reicht, ihr Gesicht eine großflächige Mondlandschaft mit Augen wie Mondseen. Er ist verliebt in seine Worte, mehr noch in die leichte Art, wie sie über seine Lippen sprudeln. Er lacht, sie schlägt nach ihm. "Hör auf, Dennis", höre ich ihre Stimme quer durch dem Raum.

Ein Mann meines Alters kommt die Treppe hoch. Mehr nehme ich nicht an ihm wahr, denn im Augenblick, in dem diese Bildinformation bei mir angekommen ist, wende ich den Blick ab. Er setzt sich an den freien Platz neben mir. Mein Herz schlägt laut. Er liest in einem Buch.

Ich würde nur zu gern den Titel wissen, aber mein Blick ist wie gefangen. Es ist vollkommen unmöglich in seine Richtung zu schauen. Ich bin paralysiert. Ich könnte mir schon vorstellen, dass er ein Interesse an mir hat, sonst hätte er sich auch an einen der anderen freien Tische setzen können. Außerdem, das bemerke ich aus dem Augenwinkel, liest er sein Buch nur halbherzig und lässt es immer wieder sinken. Das Leben, mein wahrer Liebhaber, ... hat es ihn mir geschickt ... oder nicht?

Ich vertiefe mich in die Zeitschrift "Visionen", schöne spirituelle Artikel. Meine Körpersprache ist mir sehr bewusst, auch die Energie, die ich ausstrahle. Ich bin eine Festung. Ich kann mir vorstellen, dass jeder Mann, der sich neben mir niederlässt, von der undurchdringlichen Mauer, die mich umgibt, erschreckt. Vielleicht bin es aber auch nur ich, die erschrickt. Ja, ich erschrecke zutiefst vor mir selbst.

Ich bin losgegangen, um einer männlichen Energie zu begegnen und ich begegne einer profunden Gefühllosigkeit in mir selbst. Hinter der Gefühllosigkeit begegnet mir eine Flut von Urteilen, die ich auf die Männerwelt ergieße. Und wenn ich mich aus der Zone der Gedanken herausbegebe, fühle ich es als Erfrorenheit in meinem Körper. Ich glaube, ich bin nicht sehr weit gekommen mit meinem Trauma-Prozess. Ich habe es zwar geschafft, nicht mehr an *den einen Mann* zu denken, dafür habe ich jetzt einen Brass auf alle Männer.

Am Abend sitze ich in der Küche mit Vicky und Cecelia. Wir planen unseren Clubabend. Bevor wir losziehen, wollen wir zu Hause etwas kochen. Cecelia hat Foie gras aus ihrer Heimat Toulouse zu bieten, Vicky hat gestern von ihrem Fitnesscoach einen Ernährungsplan bekommen. Demnächst beginnt ihr Training zur Vorbereitung auf die Competition in der Bikini-Klasse Body Building. Sie hat aber einen freien Tag pro Woche und den könnte sie essensmäßig am Samstag einlegen. Hähnchen. Sie hat eine Ausgabe der Zeitschrift "FLEX" mitgebracht, dem Hauptmagazin der Fitnesswelt. Dort ist sie abgebildet als Teilnehmerin der deutschen Meisterschaft im Bodybuilding, wo sie den 5. Platz belegt hat. Wir freuen uns alle mit ihr.

Wir hängen den ganzen Abend in der Küche herum, schauen Musikvideos und reden über alles, was an dem Clubabend passieren könnte, hauptsächlich über Männer, die wir treffen könnten. Naja, es geht hauptsächlich darum, wie man sich als Frau Idioten vom Hals hält und interessante Kandidaten mit genügend Arroganz behandelt (die Spezialität von Cecelia). Wenn ich diese jungen Power-Frauen höre, sage ich mir, dass ich etwas falsch mache. Ich schleppe meine Auswahl an Club-Garderobe an und lasse mich beraten. Das weiße Kleid, das ich geplant habe, geht nicht, weil ja jemand seinen Drink darauf auskippen könnte. Aber ich habe auch zwei schwarze.

Wir reden über das Publikum im Cavos. Ich sage, ich möchte nicht in einen Club gehen, wo es nur Männer um die 20 gibt, die meine Söhne sein könnten und wo meine einzigen Reflexe die sein werden, dass ich sie nach Hause in ihr Bett schicken möchte, wo sie sicher und gut aufgehoben sind. Cecelia möchte nicht in einen Club mit älteren Männern. Das Cavos, meint Vicky, hat Publikum in allen Altersklassen. Auf alle Fälle freuen wir uns alle auf den Abend und es ist ein tolles Gefühl, mit diesen Frauen zusammen zu sein.

Ich frage Vicky, eine wunderschöne Frau mit einem Traumkörper und 2000 Facebook-Followers, was für eine Art von Mann sie denn gern kennenlernen würde.

"Gar keinen. Ich habe die Schnauze voll." Vicky und ich verbringen den Rest des Abends mit dem Schnauze voll-Gefühl gegenüber Männern, wir sind uns einig und es macht mich glücklich.

Vicky sagt: "Also pass auf, Ulrike. Im Club redest du nicht über Bücher oder Pferde."

"Alles klar."

kopiert von Vickys Facebook Seite

Der 13. Tag. Ich bin auf *Seite 158* und habe keine Idee, wie es weitergehen soll. Ich habe eine Million Ideen, aber keine ist es wert, aufgeschrieben zu werden. Ich bin abgeschnitten mal wieder. Noch 42 Seiten und ich schwimme im atlantischen Ozean ohne jede Sicht auf Festland.

Ich hasse mein Leben. Toll, auf meiner Webseite steht "Ulrike Dietmann – spirituelle Lehrerin".

Das kann ich alles den Hasen geben. Ich habe nicht die geringste Spiritualität zu bieten. Ich hätte viel mehr Lust mit einem tellergroßen Schläger auszuholen und radikal aufzuräumen, nicht nur mit Männern, nicht nur mit der Gesundheitsszene, sondern mit allem, was mir unter die Nase kommt. Wenn das Buch tatsächlich veröffentlicht wird, was ja ganz allein meine Entscheidung ist, verliere ich ohnehin jede Autorität.

Was sagt mein liebes Leben dazu?

Räkle dich doch noch ein wenig in deinem Selbstmitleid, sagt es. Ich bin so sauer, weil ich schon wieder nichts höre. Weil ich gern aller Welt bewiesen hätte, dass ich mich magisch und blitzschnell selbst heilen kann und ich nun sehe, dass ich gescheitert bin.

Auch wenn die versammelte spirituelle Welt sagt, dass das Scheitern ja auch nur ein Konzept ist – übrigens etwas, was ich mit Hingabe gern selbst unterrichte – ich bin trotzdem gescheitert. Ich kann andere Menschen ganz vorzüglich aus ihren persönlichen Höllen herausführen, aber mich selbst??????

Mein ganzes Leben ist gescheitert. Alles!!!!

Das fühlt sich auf einmal richtig gut an. Eigentlich sollte ich schon tot sein, fällt mir gerade ein und der Gedanke gefällt mir. In meiner Seele bin ich eine Pferdefrau aus dem 7. Jahrhundert vor Christus. Ja, das bin ich. Mein Roman "Epona – die Pferdegöttin", ein historischer Roman, der zur Zeit der ersten keltischen Siedlungen spielt, das war die Realität, in der meine Seele sich ganz und gar zu Hause fühlte.

Als Pferdefrau 700 vor Christus würde ich mit 54 Jahren ohnehin schon das Zeitliche gesegnet haben. Warum also nicht auch als Pferdeflüsterin im 21. Jahrhundert? Wenn du willst, liebes Leben, kannst du mich gern abholen und in ein Paralleluniversum bringen, wo ich das Leben meiner Romanfigur leben kann. Nein, ich habe überhaupt kein Problem damit, das für möglich zu halten. Im Roman sterbe ich zwar schon mit 14 Jahren, aber die Magie meines letzten Jahres ist unvergleichlich. Und der Mann an meiner Seite auch.

Hier in Stuttgart, im Jahr 2015, mit einem herausgeschnittenen Herzen und einer von der Männerwelt vollen Schnauze – nein, in dieses Sprachbild darf ich gar nicht tiefer eintauchen – hier habe ich nichts zu suchen und nichts zu erwarten. Bin hier völlig fehl am Platz. Keine Ahnung, wie ich hierher gelangen konnte, das Leben ist ein sinnloses Chaos. Sorry. Danke!

Ja, ich könnte mich wieder aufraffen, mir eine Welt der schönen Gedanken bauen, aber wozu? Ich würde ja doch wieder in der selben Hölle der Verzweiflung landen. Die Aussicht ist einfach zu deprimierend.

Hätte ich es jetzt fertiggebracht, ein Buch zu schreiben, das andere auf gute Gedanken bringt, okay. Aber hier auf *Seite 160* muss ich feststellen, dass ich dazu nicht in der Lage bin. Ich kann meinen Lesern nur ein Gebirge von Frust und mieser Stimmung hinwerfen, zugegeben in eloquentem Ton, aber kann ich das verantworten? NO.

Und was mache ich mit all den Menschen, die zu mir kommen mit einem möglicherweise noch größeren Gebirge an Frust und von mir Hilfe erwarten?

Ich kann meinen Zauberstab auspacken, aber ich wäre nur eine Trickbetrügerin. Puhh, das fühlt sich jetzt richtig Sch... an. Damit stoße ich mir selbst den Dolch in den Leib.

Einfach weitergehen, weiterschreiben, sagt das Leben.

Mir fallen die Zeilen ein, die Kristina mir geschrieben hat.

"Aber ich weiß auch was für eine starke Frau Du wirklich bist. Du hast so viele extrem schwierige Prozesse in der Vergangenheit gemeistert."

Ja, wenn ich etwas fühlen könnte außer diesem Gefühl des Nicht-Fühlens ... dann sage ich mir: In einem bin ich nicht gescheitert: Ich habe meine Seele nicht verkauft. Sie ist noch ganz – und ganz da. Nur der Rest ist verschwunden. Ja, einen gewissen Stolz empfinde ich bei der Vorstellung, dass ich mich keinen Lügen hingeben habe, zumindest keinen bewussten. Dass ich meine Hellsichtigkeit gegenüber dem kollektiven Selbstbetrug nicht dazu benutzt habe, mich aus Angst und Panik in einen lebenslangen Selbsttötungsprozess zu werfen ...

Handy klingelt, mein Bruder und ich verabreden uns zum Lunch. Ich laufe durch die verregneten Straßen und schaue mich im Schaufenster an. Mein Anorak ist modisch sieben Jahre alt und hat eine figurunbetonende Beule am Bauch. Ich musste ihn anziehen, weil er eine Kapuze hat und ich sonst meine 95,00 EUR teure Frisur ruinieren würde, die ich noch für das Cavos brauche, um Männer anzuziehen, die ich dann eiskalt abblitzen lassen kann. Das sind die Themen, die einen in Stuttgart beschäftigen. Falsch, die **mich** in Stuttgart beschäftigen.

Schluss mit den Lügen

Und genau in diesem Moment erkenne ich, wer ich wirklich bin. Ich bin keine große Rebellin des wahren echten Lebens. Selbst ein Anorak, der ein wenig von der modischen Norm abweicht, bringt mich schon an den Rand der Verzweiflung. Und wo wir schon dabei sind, meine heroischen Ankündigungen das irdische Leben zu verlassen, sind ebenfalls nichts als Koketterie, denn selbst verständlich würde ich NICHT von der Brücke springen. Alles ein großer Selbstbetrug.

Was kein Selbstbetrug ist: Ich bin eine Perfektionistin, ich muss immer die Beste sein, ich bin gnadenlos hart zu mir selbst und super ungeduldig – und ich bin Weltmeisterin darin, so zu tun als ob es nicht so wäre!

Was glaube ich denn, dass ein Trauma bei mir schneller heilt als bei allen anderen? Hä? Bloß weil ich spirituell so entwickelt bin? Weil ich Wunder vollbringen kann und das Gesetz der Anziehung kenne?

Ich hab die Schnauze voll von meiner spirituellen Hochseilartisik und werde jetzt ein ganz normales Leben führen. Eines wo man schnöde verlassen wird von Männern, weil es einfach dazugehört.

Ich habe dem Leben die Tür ganz weit aufgemacht und was auch immer kommt, möge es banal sein wie ein verbeulter Anorak oder hochgeistig wie eine Ego-Selbstverbrennung, ich gehe einfach mit.

Gibt es noch ein paar Lügen, die aufgeräumt werden möchten? Nur her damit, der Scheiterhaufen brennt.

Jetzt fällt mir überhaupt nichts mehr ein, dies ist der Tiefpunkt der Düsternis. Ich schaue zum Fenster hinaus auf den trüben Stuttgarter Regenhimmel. Ich muss weiterschreiben, weitergehen, nicht ins Grübeln verfallen, weiter, weiter. Ich frage Vicky, worüber ich schreiben soll, noch 3 Seiten heute. Ich frage sie, was sie gerade beschäftigt. Sie sagt, sie sucht den Schalter zum Umlegen, wie sie aus ihrem Drama (Trennung) herauskommt und zurück auf ihren Weg. Den Weg kennt sie, sie muss mit ihrem Wettkampftraining anfangen. Ich sage ihr, sie soll Bescheid sagen, wenn sie ihn gefunden hat, den Schalter. Den will ich auch finden.

Wo ist er jetzt, der Augenblick, das Jetzt?

Ich ziehe eine Karte aus einem Set, das "Gaia Matrix Oracle" heißt von Rowena Pattee Kryder. Ich lade das Leben, vollkommen lustlos, ein, mir eine Idee zu geben.

Die Karte heißt: "Burning Buddha". Im Text zu der Karte steht sinngemäß: In dir wird alles verbrannt, das nicht zu deiner Essenz oder deinem Spirit gehört. Vertraue auf den Prozess. Du befindest dich in einer Identitätskrise, die auf der Trennung des Unendlichen vom Endlichen beruht. Lass alle feste Form los und brenne ab, bis du beim Unendlichen angekommen bist. Diese Sublimierung hat nichts zu tun mit der Freudianischen Sublimierung, wo ein instinkthafter oder sexueller Prozess an die herrschenden gesellschaftlichen Normen angepasst wird. Das, womit du es zu tun hast, befindet sich jenseits der Normen irgendwelcher kulturellen Grenzen. Du lernst mit den Augen des Geistes zu sehen in unsichtbaren Gefilden, wo die Energie sehr subtil ist. Du wirst die Fähigkeit erhalten, Rituale anzuleiten und Heilungen für die ganze Erde. Die australischen Ureinwohner nennen das den Zugang zur Traumzeit. Vertraue darauf, dass nur das Veränderliche zu Asche werden wird, die unzerstörbare Essenz wird befreit."

Super, ich werde mal wieder erleuchtet. Meine Ohren schmerzen so sehr, dass ich zerspringen könnte. Ist das nun heilsam oder nicht?

Ich bin mein eigener Coach.

Das Kartenziehen hat mir nicht geholfen. Ich kann probieren, einen Coaching-Prozess mit mir selbst zu machen. Ich trete an mit den Worten:
"Ich fühle mich weit von mir entfernt, abgeschnitten von der Welt, von meinen Gefühlen. Es tut mir so leid für die wunderbaren Menschen um mich herum, wirklich wundervoll. Mein Bruder, mit dem ich ein sehr schönes Gespräch hatte beim Mittagessen. Vicky, die beeindruckend ihren Weg geht und tolle Ideen hat, wie man aus der Misere kommt (morgen das Cavos!). Kristina, meine Tochter Lea, viele andere, die mir E-Mails schreiben oder mit denen ich telefoniere. Das Leben, das in den letzten 16 Tagen so viele Überraschungen für mich bereit hielt, meine Katze Mia, meine Stute Tinnia, ... viele, viele."
"Was tut dir leid?", fragt der Coach.

"Dass ich nicht richtig für sie da sein kann, nicht richtig fühlen. Dass ich ein nerviges Wrack bin."

"Bist du das?"

"Ich weiß nicht. Ich weiß nicht, wie ich nach außen wirke."

"Ist das wichtig?"

"Nein."

"Kannst du dieses Gefühl näher beschreiben, dieses Nicht-Fühlen?

"Nein kann ich nicht, es ist einfach NICHTS."

Als Coach denke ich: Das wird anstrengend. "Mhm."

"Ist es ein durchlässiges Nichts oder ein undurchlässiges", fragt der Coach.

"Definitiv ein undurchlässiges."

"Okay."

"Nichts ist okay ..."

"Okay."

"Willst du mich verarschen?"

"Nein."

"Dann spar dir das ‚Okay'."

Fast kommt mir, dem Coach, das nächste Okay über die Lippen. Mir wird bewusst, dass mein Coachee die Kontrolle übernommen hat mit ihrer Verweigerung.

"Immerhin hat das Nichts eine gewisse Beharrlichkeit", sagt der Coach.

"Ich hasse mich dafür", erwidert der Coachee. "Ich bin eine kontrollierende, machtgierige Person. Und ich kann verstehen, dass mich niemand leiden kann."

"Stimmt das, dass dich niemand leiden kann?"

"Nein."

"Sie können dich leiden, obwohl du machtgierig und kontrollierend bist?"

"Ja."

"Gut."

"Lass das "gut" weg, das regt mich total auf ... Mir fällt auf, dass ich nie so unverschämt mit jemandem reden würde, wie mit mir selbst als Coach. Wenn der Coach jemand anderer wäre, würde ich mir das nicht erlauben."

"Ist das gut oder schlecht?"

"Es ist deprimierend. Wie kann ich nur so bösartig sein?"

"Du bist verletzt."

"Ja. Ich wünschte, ich wäre souveräner, aber ich bin es nicht."

"Wäre es okay, auch einmal ein Weilchen nicht okay zu sein?"

"Zwei mal okay in einem Satz!"

"Wäre es okay?"

"Wenn du es anders formulieren würdest."

"Wäre es in Ordnung, einmal ein Weilchen nicht souverän zu sein?"

"Ja, das wäre es. Das wäre es". Der Coachee fühlt eine große Erleichterung, nicht nur, weil *Seite 165* erreicht ist. "Jetzt fühle ich wieder etwas ... Danke. Du hast dem unerbittlichen Kontroletti in mir ein Bein gestellt. Das war brillant."

Ich, der Coach, denke, naja, es war eigentlich ganz einfach, aber wenn es ihr brillant vorkommt, so be it. Und ich muss ja jetzt nicht in die Rolle der Perfektionistin fallen, aus der ich meinen Coachee gerade herausgeholt habe.

Irgendwie ist alles gut. Vielleicht weil ich auch diesen Tag durchgehalten habe, vielleicht weil ... es ist auch egal, warum. Es geht mir gut.

Tag 14

Ich kapituliere. Ich kann keine einzig Zeile schreiben. Gestern habe ich schon, unter dem Druck der Gegenwart, eine Flut von Selbstanklagen in die Datei gehämmert. Noch mehr? Wo ist meine innere Zensur? Wo ist die Instanz in mir, die mich davor bewahrt, öffentlichen Rufselbstmord zu begehen? Gehört es zum Heilprozess, sich öffentlich selbst zu zerfleischen? Ich kenne mich nicht mehr, schon lange nicht mehr. Ich weiß auch nicht, woher die Worte kommen, die ich Wort für Wort in die Tastatur hämmere... sie kommen einfach.

Das Gute ist, ich bin aufgewacht, mitten in der Nacht und es schrieb in meinem Kopf. Es ist das erste Mal, dass ich aufwache und da ist ein Text und kein lebensmüder Schmerz. Das Buch ist bei mir angekommen. Das Buch ist jetzt stärker als ich. Ich stehe auf und fange sofort an. Kein ewiges Waten durch den Nebel, bis ich aus dem Bett komme. Es geht los. Gestern Abend habe ich Vicky noch kurz in der Küche getroffen. Auch sie hat die Kurve gekriegt und mit dem Training begonnen. Die Arena ist geöffnet für die Powerfrauen.

Außerdem habe ich beim Aufwachen einen Skarabäus vor meinem inneren Augen gesehen. Ich google, welche symbolische Bedeutung der Skarabäus hat. Im alten Ägypten gilt er als ein Symbol der Schöpfung und der aufgehenden Sonne, mehr noch ...

"Er soll nicht nur gleich der Sonne, Licht und Wärme spenden, sondern symbolisiert das Leben selbst, das immer wieder neu wird."

Hallo, liebes Leben. Gestern Abend habe ich außerdem in der Zeitschrift "Vision" dieses Zitat unter einer Reihe anderer Zitate gefunden:

"Das ist wesentlicher Glaube, dass man dem unbedingten Geheimnis, das uns in unserem Leben überall antritt und sich in keine Formel fassen lässt, aufgeschlossen bleibe, und dass man von den Wurzeln seines Wesens aus allzeit bereit sei, mit diesem Geheimnis wirklich wie ein Wesen mit einem andern Wesen zu leben." (Martin Buber)

Das Zitat hat die Nummer 23, meine lebenslange magische Nummer. Das Leben spricht wieder mit mir!!!! Mein Geliebter ist zurückgekehrt. Das macht mich unendlich glücklich.

Den Rest des Tages gestern war ich übrigens glücklich und zufrieden. Es war, als hätte sich durch den Ausdruck all der negativen Gefühle, etwas Positives Raum geschafft. Mehr noch, die Kriegerin hat sich ihren Platz genommen. Sie hat das Schwert erhoben und mich verteidigt.

Ich bin ein freundliches Wesen. Ich bin nicht egoistisch, egomanisch, narzisstisch selbst bezogen und was ich noch alles über mich aufgeschrieben habe. Ich bin es, war es gestern, es ist eine Schattenseite von mir, wie von jedem. Ich stelle allerdings fest, dass ich diese Seite gern ausblende. Dass mein Selbstbild ein sehr positives ist und ich nur unter dem Druck, schreiben zu müssen, mir über diese Anteile in mir bewusst wurde. Und darin liegt Heilung, im ganzen Bewusstsein, im Bewusstmachen von allem, was ist.

Jetzt bin ich eine andere, eine ganz andere als gestern. Ich fühle mich tatsächlich ein wenig erleuchtet, in mir ist eine Euphorie, ein inneres Jubeln. Ist es der Skarabäus? Oder das Leben, die Liebe? Wie kann es sein, dass ich plötzlich so verwandelt bin? Ist das Warum wichtig? Oder nur die Tatsache, dass ...

Gestern Abend habe ich noch längere Zeit E-Mails beantwortet, telefoniert und mich selbst bei der Arbeit beobachtet. Meine Arbeit ist hauptsächlich darauf ausgerichtet, andere Menschen zu unterstützen, zu inspirieren, aus einer persönlichen Hölle herauszuholen, als Autoren an die Öffentlichkeit zu bringen. Das bin ich! Ich tue alles, ich gebe mein Bestes für andere. Und ja, ich tue es auch für mich selbst. Denn das ist es, was mich glücklich macht. Ich bin egoistisch, aber nicht weil sich alles um mich dreht. Es dreht sich alles um andere und dadurch um mich. Ja, ich bekomme häufig Feedbacks in denen sich Menschen bei mir bedanken und mir viel zurückgeben oder geben. Eine von ihnen ist Gabriele.

Gabriele ist ein Mensch, der es versteht, Geschenke zu machen. Zu jedem Workshop, zu dem sie kam, brachte sie mir einen Korb mit kleinen Geschenken mit. Die Geschenke, das hat sie mir erklärt, wählt sie intuitiv. Oft weiß sie intuitiv, was den Menschen gefallen würde. Auch ich habe von ihr Geschenke bekommen, nichts Teures, aber etwas, das mich besonders berührt hat. Ihr größtes Geschenk ist, dass sie mir während der letzten Wochen, öfters E-Mails schrieb, in denen einfach nur Liebe und positive Energie bei mir ankam. Gabriele hat mir erlaubt, ihre E-Mail von gestern abzudrucken:

"Du hast mein Leben so sehr bereichert, Du gibst mir soviel Kraft, Mut, Zuversicht, Vertrauen und Liebe – das tut soooooooo gut. Seitdem ich Dich getroffen habe, hat sich eine ganz neue Tür für mich geöffnet. Welch wunderbaren Menschen hat mir Gott da geschickt – ich bin unendlich dankbar dafür."

Soll ich das jetzt als Selbstbeweihräucherung abtun, dass mich solche E-Mails aufbauen? Dass sie in den letzten Tagen ein Lebenselixier sind? Bin ich deswegen narzisstisch bedürftig? Überschreite ich dadurch die Grenzen der Professionalität? Gabriele wusste nichts von meiner persönlichen Situation. Gabriele ist eine Workshop-Teilnehmerin und Coaching-Klientin in der Persönlichkeitsentwicklung mit Pferden. Überschreite ich Grenzen, wenn ich mich über solche Feedbacks freue und mich zurückhaltend dafür bedanke? Nein.

Gabriele lernt bei mir, wie sie eine echte Verbindung zu Pferden und anderen Tieren und der Natur allgemein finden kann. Und das ist nur möglich, in dem man ehrlich ist zu sich selbst, indem man, wie ich in den letzten 14 Tagen, alles akzeptiert, das Angenehme wie das Unangenehme. Denn das Akzeptieren ist das Tor zur Liebe. Dann zeigen sich die Tiere. Gabriele hat eine besondere Verbindung zu Tieren, sie zieht die Tiere an. Die Tiere fühlen sich wohl in der Gegenwart ihrer aufrichtigen Liebe. Gestern schrieb sie:

"Vor ein paar Tagen bin ich mit einem Tierexperten (Jagdausbildner) zum Reden gekommen, betreffend dem, dass ich einen Geier gesehen habe. Er hat zu mir gesagt, das ist ganz, ganz was Seltenes in unserer Gegend – es muss ein Bartgeier gewesen sein. Es hat mich elektrisiert und ich habe mich sofort innerlich beim Geier bedankt, dass er mir erschienen ist."

Auch Gabriele kämpft immer wieder gegen innere Schatten, aber sie findet immer wieder zur Liebe zurück. Das ist Heilung. Das ist der Kern des Gesetzes der Anziehung, mit dem wir positive Dinge in unser Leben ziehen. Viel Gutes ist mir in den letzten Wochen passiert, obwohl ich innerlich leer und verzweifelt war. Es kam trotzdem. Es muss ein unzerstörbarer Kern in mir sein. Wie mir die schamanisch ausgebildete Pferdefrau Kristina schreibt: " Du bist in Wirklichkeit ein Glückskind – Hans im Glück – die Geister sind dir in Wirklichkeit gut gesonnen. Sie wollen dein Bestes. "

Wenn ich all das Dunkle akzeptiere, kann ich dann auch das Helle annehmen?

Im Internet gibt es kostenlos einen Film des Berliner Filmemachers Rosa von Praunheim zu sehen "Auf der Suche nach Heilern."

Der Klappentext (Quelle WDR) lautet:

Regisseur Rosa von Praunheim – bekennender Hypochonder – begibt sich in die Obhut verschiedener Heiler, die ihn von den Leiden seiner Reizblase befreien sollen. Von Schamanismus über Kräuterkunde bis hin zum angebotenen Drogenkonsum lernt der 71-jährige Filmemacher **vorgebliche Heilpraktiken** *kennen. (ardmediathek.de)*

Da ist es wieder, das Misstrauen gegenüber Menschen, die aus innerer Berufung ihre Liebe und Heilkraft schenken. Deutschlands Fernseh-Bildungsanstalt muss dem Begriff "Heiler" ein "vorgeblich" voranstellen. Liebe und Heilkraft werden mit diesem Begriff entwertet. Jeder, der sie schenkt und empfängt fällt unter den Verdacht, sich einer Illusion hinzugeben. In diesem kleinen Wort "vorgeblich" findet sich der Ausverkauf unserer ganzen Kultur. Unser Bestes, unsere Selbstheilungskraft, denn das erklären die porträtierten Heiler als ihre Hauptaufgabe, wird als "so tun als ob" abgetan.

Genau genommen ist es sogar wahr, nur nicht in dem abwertenden Sinn, in dem es gemeint ist. Ein Selbstheiler und ein Heiler **geben vor**, ihre Heilpraktiken sind **vorgeblich**. Sie geben ihre Liebe, ihr Herz, ihre Vorstellungskraft, ihren Glauben. Sie geben nicht nur vor, sie geben sich hin – und empfangen dafür ... Heilung.

Es ist so einfach. Ja, es ist in der Tat so einfach, dass wir, die wir eher das Komplizierte und Anstrengende für wahr halten, es vergessen.

Beispiele für die Abwehr und Abwertung dessen, was uns heilt und Kraft gibt, findet man überall.

Es ist nicht mehr die Kirche, die Hexen verfolgt, es ist die Vernunft, die dem Herzen zu beweisen versucht, dass es nur so tut als ob.

Der Heilung wird die Realität abgesprochen und an ihre Stelle wird ein Folterwerkzeug aus Selbstvorwürfen gesetzt, mit dem wir uns krank machen. Meine Gefühls- und Depressionsachterbahn von gestern ist das beste Beispiel.

Ich habe meine Vision wiedergefunden.

Mehr noch, ich habe sie in größerer Klarheit gefunden. Ich möchte eine Kriegerin sein für das Herz. Ich möchte mit meinem Schwert die Wahrheit der Heilung und des Herzens verteidigen. Ich möchte mich einsetzen dafür, dass wir wieder eine Sprache des Herzens lernen.

Tiefe Heilung

Ich bin noch einmal ins Bett gegangen, nachdem ich mitten in der Nacht geschrieben habe. Ich habe mich zusammengerollt wie in einer Höhle, wie ein Embryo. Mein Körper begann zu zittern, aber es war ein heilsames Zittern, ein leises Zittern wie die Flügel eines Schmetterlings. Ein tiefer Frieden breitete sich in mir aus. Und ich spürte, dass jetzt tiefe Heilung beginnt. Ich konnte ganz plastisch fühlen, wie sie in meinen Körper einfloss, wie sie sich ausbreitete. Heilung, die ich erfuhr, ohne ein Medikament, Heilung aus mir selbst heraus. Meine Heiler waren das

Leben, die wunderbaren Menschen, die für mich da waren, meine Tiere und ich selbst.

Das Tor zur Welt ist offen.

Etwas hat sich definitiv verschoben. Meine Ohren sind immer noch ein wenig verschlossen, rauschen immer noch ein wenig verstimmt, aber es gibt ein Tor nach draußen. Ich bin nicht länger abgeschnitten.

Ich kann wieder müde sein.

Eine tiefe Müdigkeit macht sich in mir breit. Eine gesunde Müdigkeit, wie ich sie seit dem Trauma-Ereignis nicht mehr gefühlt habe. Ich möchte schlafen, ruhen, etwas was mir vorher unmöglich war. Jetzt kann ich ruhen, ohne bedrängt zu werden von Angstschüben, von ohnmächtiger Wut und ohne mich zu verlieren in einem leeren Kosmos.

Transformation ist Heilung. Heilung ist Transformation.

Jetzt fühle ich auch die Wandlung. Ich fühle wie all die Stimmungen und Gefühle, die mich so überwältigt haben, wieder herandrängen, aber sie tun es in einer Dosis, der ich standhalten kann. Ich kann sie jetzt von außen sehen. Ich spüre sie als Wellen, die auf mich zuströmen und im Strömen wandeln sie sich. Ihre bedrohliche Ladung löst sich auf und eine sanfte Kraft zeigt sich dahinter. Diese Kraft ist reine Heilkraft. Was mich zuvor untergehen ließ, lässt mich jetzt aufleben. Es ist Energie, es sind Gefühle und die Gefühle werden zu Gedanken. Ich kann auf allen Ebenen mit diesen Energien spielen. Ich kann sie umwandeln in positive Kraft, in positive Energie.

Der Schutzpanzer, den mein Körper gebaut hat, um überleben zu können, löst sich auf und aus der Anstrengung, die es gekostet hat, ihn aufrechtzuerhalten, wird Müdigkeit. Was für eine süße, erfüllende Müdigkeit, was für ein Nachhause-Kommen.

Wie zauberhaft, einfach nur sein zu können, nichts TUN zu müssen, um dem Alptraum zu entfliehen oder die Angriffe aus dem eigenen System zu bekämpfen. Ich kann jetzt auch klar erkennen, dass die Selbstzweifel und Selbstvorwürfe eine gedankliche Übersetzung der energetischen und emotionalen Reaktionen waren. Was unseren Alltag und unsere Beziehungen beherrscht, sind nicht Gedanken, sondern Gefühle und Traumatisierungen. Es sind scheiternde Versuche, unsere Traumata aufzulösen. Weil wir die Zusammenhänge nicht kennen, weil wir auf der Ebene der Gedanken Symptome therapieren, die ihre Ursache auf einer körperlich-energetischen Ebene haben. Genau das, was ich seit Jahren in meiner Arbeit mit Menschen und Pferden erlebe.

Pferde sind Heiler, weil sie einen Austausch auf der energetischen Ebene in Gang bringen. Sie tun das nicht absichtsvoll, es geschieht einfach, weil die Natur stets auf Ausgleich, Harmonie und Heilung ausgerichtet ist.

Ich kenne mich!

Wenn ich jetzt zurückblicke auf den Weg, sehe ich, dass ich etwas Wesentliches gewonnen habe: Ich habe mich besser kennengelernt. Ich habe Reaktionen, Gefühle und Gedanken an mir kennengelernt, die ich zuvor nur bei anderen bösen, blöden, unbeherrschten, niederträchtigen Menschen vermutet habe. Auch wenn mir manches überhaupt nicht gefällt und ich mir damit vielleicht nicht wiedergutzumachende Blöße gebe, ist das, was ich gewonnen habe doch unschlagbar.

Ich bin ein Stück mehr bei mir angekommen. Ich bin noch sicherer darin geworden, dass es keinen Sinn macht, irgendwelchen abstrakten spirituellen Wegen zu folgen, sondern dass mein Weg nur ins Leben hinein und in mich hinein gehen kann.

Die Gleichung für Heilung ist ganz einfach: Heilung ist Selbstheilung und Selbstheilung bedeutet, dass ich mich selbst gut kenne.

Es ist ein gutes Gefühl zu wissen, wer ich bin, was ich fühle, was ich denke, was ich glaube und nicht glaube. Hier liegt die einzige Antwort. Und hier habe ich auch das Göttliche gefunden, das magische Leben, das Wunder vollbringen kann. Ich fühle mich so beschenkt, dass ich es nicht in Worte allein fassen kann. Ich werde es in Taten umsetzen, wie ich es schon immer getan habe. Ich werde es zu den Menschen bringen und ich werde Wege finden dafür.

Wir müssen unsere Welt auf eine grundsätzlich andere Weise wahrnehmen.

Ein anderes Zitat aus der Zeitschrift "Visionen" hat mich tief berührt, denn es fasst meine zukünftige Aufgabe und die Notwendigkeit dafür zusammen. Ich las es an jenem Nachmittag in der Raumschiffwelt des Starbucks-Cafés. Ich las es, ließ die Zeitung sinken und verharrte lange in einer unbeweglichen Position. Es sind die Momente, in denen ein Gedanke Gefühl, Körper und Geist zugleich berührt und alles in ein neues Gleichgewicht bringt:

Die Beziehungen zwischen uns und den Dingen in unserer Mitwelt sind völlig zusammengebrochen.

> "Ich glaube, dass die Krise, in der wir uns befinden, im Kern geistiger Natur ist: Es ist eine Krankheit, die die Kultur ergriffen hat

und die sich darin zeigt, dass unsere tiefsten Werte völlig in Frage gestellt worden sind und wir nicht mehr wissen, woran wir uns orientieren sollen. Man kann auch von einem moralischen Kollaps sprechen, der darauf beruht, dass die Beziehungen zwischen uns und den Dingen in unserer Mitwelt zusammengebrochen sind. Dabei ist vielleicht der größte Mangel unserer Kultur eine wirklich inspirierende Vision der Beziehung zwischen uns und dem Planeten, zwischen uns und der Natur, zwischen uns und der uns umgebenden Welt. Unsere Gesellschaft krankt an ihrem Anthropozentrismus. Die Gefahren, die uns drohen, und das Leid der Menschen auf diesem Planeten sind also gleichermaßen der Ausdruck davon, dass die herkömmliche Art, die Welt wahrzunehmen und zu verstehen, vor dem Bankrott steht." Joanna Macy

Meine Aufgabe ist es, den Bankrott unserer Weltanschauung bewusst zu machen in allen Details, so dass nach und nach alle Menschen verstehen, auf welchen irrigen und zerstörerischen Annahmen unsere Weltanschauung beruht. Angefangen mit der Vorstellung, dass ein Mensch ein besserer Arzt oder Heiler wäre als ein Tier. Meine Aufgabe ist es, nicht nur falsche Vorstellungen zu detektieren und aufzulösen, sondern auch Tore der Erfahrung und der Reflektion zu schaffen, durch die neue Ansichten zu uns kommen können, aus denen wir eine Welt bauen können, die uns trägt, schützt und heilt.

Meine Lizenz zum Weiterleben

Für diese Aufgabe habe ich bereits 54 Jahre auf dem Buckel und reichliche Ressourcen, auch wenn ich keinen Titel als Therapeutin oder Ärztin habe. Es war nie meine Absicht, mich in das Feld der Heilung zu begeben. Ich habe großen Respekt vor Ärzten und Therapeuten, kenne ich doch viele und habe ich doch mein Leben 30 Jahre lang mit einem berufenen Arzt geteilt.

Statt eines naturwissenschaftlichen oder psychologischen Studiums habe ich das Verhalten von Pferden studiert. Habe ich den kreativen Prozess studiert durch zahllose Bücher, die ich geschrieben habe. Habe ich das Denken studiert in einem Philosophie-Studium, habe ich das Unterrichten gelernt durch meine Schreibschule und meine Workshops. Habe ich das Pioniersein gelernt, indem ich immer meinem nächsten Impuls gefolgt bin und nie angehalten habe. Habe ich das Lieben gelernt durch eine lange Partnerschaft und durch zwei Kinder, die ich habe aufwachsen sehen. Habe ich viel von der Welt gesehen durch zahlreiche Reisen.

Das sind Qualifikationen, mit denen ich keinen Beamtenstatus erhalte und mit denen mich kein Arbeitgeber in eine Gehaltsstufe einordnen kann, aber sie sind perfekt für die Aufgabe, die ich auf dieser Welt zu erledigen habe.

Ja, meine Talente und Qualifikationen sind unbezahlbar und ich stelle mich selbst mit Handkuss als CEO ein. Was das Leben dafür als Gehalt bezahlt, darauf habe ich nur bedingt Einfluss, aber eines ist mir bewusst geworden: Das Leben braucht MICH!

Das Leben will mich noch hier haben. Und ich war schon immer ein loyaler, treuer Partner und Mitspieler. Allein mit dieser letzten Qualität habe ich die Lizenz zum Weiterleben verdient, meine ich.

Die noch fehlende eine Seite für heute schenke ich mir. Die Sonne scheint, ich gehe ausreiten und heute Abend wird gefeiert und wir werden genießen. Essen, tanzen, flirten ...

Morgen wollen wir zum Ausklang in die Sauna gehen. Vicky, die Sportlerin, weiß was man seinem Körper schuldig ist und was die Seele braucht, damit der Körper Hochleistungen vollbringt.

Ich bin jetzt auf dem Weg hinaus aus einer kranken Welt in eine gesunde Welt, die ich mir selbst erschaffe.

Tag 15 – Das Leben tanzt

Das Leben hat mich auf eine Rutschbahn gesetzt. Und jetzt macht das Rutschen höllisch Spaß. Verrückt, kann ich nur sagen, das Leben ist erfinderisch, es ist voller Angebote, glücklich zu sein oder zu werden. Meine Lebenslust ist jetzt so groß, dass ich alles umwerfe, was mir in die Quere kommt. Die Kriegerin ist zu ihrer Größe erwacht. Vicky, Cecelia und ich haben den Clubabend eingeläutet. Wir ziehen verdeckt Karten mit weiblichen Archetypen. Vicky zieht "Die Rebellin", das passt. Cecelia "Die Kriegerin" das passt auch. Ich ziehe "Die Erleuchtete" – war klar. Auf die Karten kann ich mich verlassen. Sie antworten auf das Feld.

Cecelia serviert uns Foie Gras (Entenleberpastete), die ihre Mutter und Großmutter selbst machen. Vicky öffnet den Sekt. Es ist sieben Uhr, in den Club geht es um 1 Uhr. Was macht man so lange? Beziehungsprobleme zerlegen? Nein. Vicky und Cecelia haben nichts zu tun mit dem Wälzen von Problemen. Es gibt jede Menge anderen Gesprächsstoff. Worüber wir eigentlich reden ... schwer zu sagen, es sprudelt. Vicky führt uns ihr Lieblingsvideo vor: Die Rede von Steve Jobs vor Studenten der Stanford University am 12. Juni 2005.

Die Kernbotschaft: Das scheinbar Schlimmste, was einem passieren kann, kann im Rückblick zum Besten werden. Nachdem er sein geplantes Studium abbrach, belegte er Kurse in Kalligrafie, ohne zu wissen, wohin das führen sollte. Davon war später der Look der Apple Computer beeinflusst. Er zog eine erfolgreiche Firma hoch, und wurde von einem Mitarbeiter, den er selbst eingestellt hatte und der den Board of Directors auf seine Seite brachte, gefeuert. Er entwickelte neue Ideen, die Apple später, als man ihn zurückholte, vor dem Absturz retteten. "Stay hungry, stay foolish", sagt er am Ende seiner Rede. Bleibt hungrig, bleibt verrückt.

Ich sage mir, dass jetzt Schluss sein Muss mit dem Gejammer. Das sage ich mir natürlich schon die ganze Zeit, aber jetzt fühle ich es auch. Ich bin wieder in der kreativen Zone angekommen.

Während ich dusche, hat Cecelia eine Quiche Lorraine gezaubert. Das Leben ist gut. Ich prepare einen Salat. Eine Freundin von Cecelia, auch Französin, kommt vorbei, die auch mit in den Club geht. Konversation in drei Sprachen. Dann beginnt das Aufbrezeln. Eine dicke Schicht Make up brauchen wir, meinen die Girls. Wie ein "gestohlenes Auto", sagen die Franzosen, das ja auch aufgemotzt wird. Ich bin null vorbereitet, habe kein Equipment. Kein Problem. Cecelia schminkt mich. Eine dicke Schicht Grundierung, Nachtfalteraugen, einfach nur toll. Ich werfe mich innerlich weg, weil alles so ein Film ist. Das LEBEN weiß genau, was mich aus den Latschen kippen lässt: Nämlich etwas vollkommen Unerwartetes. Keine Meditation, keine Kontemplation, sondern ein Clubabend mit Spice Girls.

Highheels

Vicky hat einen ganzen Schrank davon, die sie selbst designed hat. Ich probiere sie durch, entscheide mich für ein Paar in Lila. In denen komme ich aber nicht wirklich voran und ich lasse sie zu Hause. Vicky ist jetzt einen Kopf größer als sonst, weil ihre High Heels mit goldenen pfennigdünnen Absätzen zusätzlich Plateausohlen haben. Und sie KANN darin laufen. Im Schlepptau von Vicky fühle ich mich vollkommen sicher. Vicky ist eine Kriegerin der Clubszene. Sie tauscht Küsschen mit dem

Clubbesitzer und sie kennt das Ritual. Das Herzstück des Clubs, in das wir uns hineingraben, ist eine Bar umgeben von Tischen wie in einem griechischen Restaurant. An den Tischen wird bis 12 Uhr Essen serviert, aber jetzt ist es halb 2 und auf den Tischen wird getanzt. Dazwischen enge Gänge voller Menschen und ein Ameisenpfad, auf dem wir uns hindurchschlängeln – zur Bar.

4 x Wodka Red Bull für die Girls. Und dann schaut man sich einfach um. Das Cavos ist ein griechischer Club und die meisten Männer sehen nach Griechen oder Balkanangehörigen aus. Sie tragen Anzüge! oder Hemden. Die Frauen haben, wie wir, gestohlenes Auto-Make-up und tragen Kleider, die kurz hinter der Pofalte enden und wie eine zweite Haut anliegen. Der Altersdurchschnitt liegt bei ca. 10 bis 20 Jahre jünger als ich, aber welche Rolle spielt das? Ich suche ja keinen Mann fürs Leben. Ein Typ neben mir an der Bar spendiert mir einen Drink und sagt: "Besser kann's dir nicht gehen."

Interessanter Spruch. Ich stoße mit ihm an. Kurz darauf bietet er mir einen Shot an, ein Schnapsglas mit hochprozentigem Alkohol. Ich lehne ab, er bleibt beharrlich, ich lehne beharrlich ab. Vicky und Cecelia haben mich geimpft, mich nicht abfüllen zu lassen. Klare Grenzen setzen. Wir haben die möglichen Szenarios in den letzten Tagen schon genüsslich durchgespielt, Vicky und Cecelia haben mir Unterricht erteilt.

Das Flirtspiel

Also nicht betrunken machen lassen, was bei mir nach einem Shot locker der Fall gewesen wäre. Trotzdem, ich fühle mich geehrt, denn der Typ hat Mumm und Esprit und wenn wir uns auch nicht unterhalten können wegen der hämmernd lauten Musik, tanzen wir doch zusammen und lachen. Er ist mindestens 15-20 Jahre jünger – aber warum muss ich jetzt schon wieder darauf herumhacken? Ziemlich schnell tanzt er sich megaeng an mich heran, also so eng, dass ich zur Pferdefrau werde und reflexhaft meinen Space wahre. Einem Pferd würde ich ein so respektloses Verhalten nicht erlauben, warum also einem Menschen? Wir kämpfen um die Grenzen. Er meint wohl, er hätte einen Anspruch darauf, dass ich mich sanft hineinfallen lasse in die Rangordnung eins unter ihm. Anscheinend hat er damit öfters Erfolg. Daran, stelle ich fest, hat sich wohl in den letzten 30 Jahren nichts geändert. Wir können uns nicht einigen auf eine friedliche Distanz, er gibt schließlich auf und sagt: "Warum bist du so?"

Was für eine Frage? Jedes Tier versteht, dass eine Grenze eine Grenze ist. Was soll da ein **Warum**?

Grenzen setzen unter Menschen

Ich antworte: "Warum bist du so?"

Er antwortet: "Entschuldigung, dann bin ich eben nicht mehr so."

Er wendet sich ab und ich auch. Später stoßen wir wieder an und tanzen zusammen. Er fragt: "Bist du alleine hier?" Er selbst hat einen Trupp von 3 Jungs um sich, ist aber selbst die Frontfigur, denn die anderen haben nichts anderes vor, als ihm zuzuschauen. "Mit meinen Freundinnen", sage ich und zeige auf Vicky, die Verkörperung des weiblichen Clubideals: Blonde Haare, mega Kurven, Wespentaille und einen Kopf grösser als er. Irgendwie bin ich jetzt keine leichte Macho-Beute mehr. Es ist ein gutes Gefühl mit so tollen Frauen unterwegs zu sein.

Ich beobachte die Rituale und merke, dass ich im Kopf mitschreibe, Sätze formuliere wie „Schöne Frauen bleiben allein." Auf der anderen Seite der Bar danct eine superhübsche Frau, blond, tolle Figur, tolle Ausstrahlung, eine Freundin an ihrer Seite. In geschlagenen 2 Stunden tut sie nichts als gut aussehen und ein paar Sätze mit ihrer Freundin wechseln. Also sie bekommt keinen Drink spendiert.

Vicky beschließt, dass wir weiterziehen. Um die Ecke gibt es das Amici. Ein ebenso enges Getümmel mit einer Pole Dance Stange und einer sehr professionellen Tänzerin, die sich um die Stange schlängelt. Toll!

Sehnsucht

Hier fällt mein Auge auf einen Typ Mann, der mir schon immer den Verstand geraubt hat. Melancholische Augen. Oh! Still, in sich gekehrt und von einem Geheimnis umhüllt. Es passiert, was ich den Girls schon angekündigt habe. Wenn mir jemand gefällt, setzt bei mir ein Fluchtimpuls ein (Schüchternheit). Dann tue ich alles, um möglichst uninteressiert zu wirken. Wir haben ein Code-Wort vereinbart, falls uns ein Typ gefällt: Jeffrey. In diesem Fall müssen sie verhindern, dass ich das Weite suche. Das tun sie jetzt und es entsteht eine mega-lustige Szene, während der ich nur im Erdboden versinken möchte, sie mich mit allen Mitteln festhalten und auf die Tanzfläche schubsen. Ich ergreife schließlich die Flucht, kehre aber wieder und tanze mit dem hübschen Träumer ... Rücken an Rücken. Sobald er sich umdreht, drehe ich mich weg. Am nächsten Tag dürfen sich alle ausgiebig amüsieren über mich.

„Für den Typ war vollkommen klar, dass du NICHTS von ihm willst."

Es geht um Energie

Ich fand es aber schön, ihn zu berühren beim Tanzen, auch wenn es Rücken an Rücken war. Und immerhin war es kein Feindseligkeitsreflex wie Tage zuvor im Starbucks, sondern ein Seligkeitsreflex. Irgendwann ist er weg.
Ich hoffe, dass er in unser Revier zurückkehrt, aber vergeblich.

Mein persönliches Highlight des Abends ergibt sich gegen 4 Uhr morgens. Die Tanzfläche ist verlassen, den Clubgängern scheint der Elan ausgegangen zu sein. Ich werfe mich auf die Tanzfläche und DANCE mit so viel Power, dass ein wirklich gut aussehender junger Typ im Anzug mich in den Arm nimmt und mit mir tanzt. Ich finde das megasüß. Vor allem der Anzug! Techno-Beats und sein Arm, der in einem Anzug steckt, auf meinen Schultern. Ich fange mir viele Blicke ein. Bald ist die Tanzfläche voll mit Leuten, die Spaß haben. Es geht um Energie und um Ansteckung, das ist alles, da spielen Alter und Aussehen keine Rolle. Leben pur, das ist es was wir alle suchen.

Meine Füße tun weh und wir pilgern home. Alle sind gut drauf, die gestandenen Club Girls und ich, die Club-Anfängerin. Ich habe jede Sekunde genossen. Big Thanx to Vicky, Cecelia und ihre Freundin.

Die Zärtlichkeit der Frauen

Für den nächsten Tag hat Vicky einen Spa-Besuch für uns geplant. Mineraltherme in Böblingen. Die Adresse: „Am Hexenbuckel." Vickys Mama kommt mit. Elena ist zwei Monate älter als ich und in der Restaurant-Pause zwischen den Sauna-Gängen lerne ich sie besser kennen. Sie ist in Venezuela aufgewachsen bis sie 19 Jahre alt war. Dann folgte sie ihrem Liebsten nach Teneriffa, bekam dort zwei Kinder mit ihm. Er verließ sie als Vicky, die Ältere, neun Jahre alt war. Elena folgte einem neuen deutschen Partner nach Stuttgart, zog ihre Kinder alleine auf. Geld vom Vater ihrer Kinder hat sie nie bekommen. Sie lernte in einer fremden Kultur mit einer fremden Sprache zu überleben. Wenn ich ihre Biografie mit meiner vergleiche, kann ich nur den Hut ziehen.

Vicky führt uns wie immer souverän durch die Pool- und Saunalandschaft. Wir sitzen mit 20 anderen nackten Männern und Frauen um ein Feuer in einer Erdhöhlen-Sauna. Sehr archaisch. In den verschiedenen

Schwimmbecken, die wir aufsuchen, wird geredet und geredet. Es geht weniger um den Inhalt als um die Connection. Was mich noch viel mehr berührt sind die kleinen Gesten, ist die Aufmerksamkeit, mit der alle füreinander da sind. Hier sind diese coolen, tapferen Frauen, Vicky, die Bodybuilderin und Elena, die von einem weit entfernten Kontinent nach Stuttgart kam. Cecelia, die sich mit 24 Jahren im Ausland und in der deutschen Sprache behauptet. Alle sind gleich willkommen, das Zusammensein ist ein müheloser Flow. Überhaupt gibt es gar keine Wertungen, keine Ausgrenzungen, keine Rangordnung, keine Manipulationen. Nur eine leise Zärtlichkeit und Akzeptanz, die heilsam ist. Ich fühle mich so aufgehoben wie sonst nur in einer Pferdeherde.

Wow, denke ich, authentische Kraft und authentische Gemeinschaft, diese Frauen, die das Leben willkürlich zusammengeführt hat, sie leben es, im Augenblick. Eine große Glückseligkeit flutet mich an. Ich bin einfach nur dankbar. Die guten Menschen, es gibt sie. Am Abend telefoniere ich mit meiner Mama, auch hier finde ich Verständnis und eine wunderschöne Frauen-Solidarität.

Mein Herz kann nachwachsen. Heilung, das ist aufgenommen und akzeptiert sein in einer Gemeinschaft von warmherzigen, mitfühlenden Menschen.

In der Sauna frage ich Vicky, ob sie ein Tattoo hat. Sie zeigt mir die Innenseite ihres Oberarms. Dort steht: „Todo para la familia" (Alles für die Familie).

Tag 16 – Unsere Geschichten – Das ist unser Leben

Ich habe mein Ziel, die 12,5 Seiten pro Tag gestern nicht erreicht, aber das macht nichts. Die zwei Tage mit den Frauen waren genau das, was ich brauchte, um wieder Vertrauen in die Menschen zu finden. Jede Sekunde mit ihnen war wunderschön.

Jetzt sitze ich im Zug nach Paris, auf dem Weg zu meiner Freundin Eva, mit deren Rettungsaktion die Geschichte begann. Ich freue mich auf 4 schöne Tage mit ihr und ihren Pferden.

Im letzten Kapitel werde ich über die Kraft von Geschichten schreiben. Denn Geschichten, dafür steht mein Leben als Autorin, sind heilsam. Und wenn ich zurückblicke auf den Tag, an dem ich mit dem Buch begann, erkenne ich eine Geschichte. Eine echte Geschichte mit einer echten Wandlung, wie es sich für eine Geschichte gehört. Ich bin vom Tod ins Leben zurückgekehrt. Das Leben hat mich überzeugt, nicht in der Theorie, sondern in der Praxis. Es hat mich mit so viel Geschenken beworfen, dass ich nicht anders konnte als meine Geschichte umzuschreiben. Die Geschichte, die zum Tod führen sollte, führte mich zum Leben.

Gestern fragte mich die Schweizer Tierkommunikatorin Daniela Lai per E-Mail, was der Archetyp der Geschichtenerzählerin mit dem des Künstlers, des Schamanen und des Heilers gemein hätte.

Sie sind ein und dasselbe. Schamanen heilen mit Geschichten. Wir haben das nur ein wenig vergessen.

Geschichten sind Heilung und Heilung ist eine Geschichte.

Verrückterweise halten wir Geschichten für Fiktion und Sach-Information für real. Damit verschenken wir sehr viel. Geht man nach Afrika, erlebt man, wie soziales Lernen durch die tollsten, schrägsten und tief weisen Geschichten vermittelt wird. Für unsere Gefühle sind Geschichten in jeder Hinsicht real und jede Geschichte prägt unsere Wahrnehmung der Wirklichkeit. Von Hermann Hesses "Siddharta" habe ich Profunderes über das Leben gelernt als in meinem gesamten Schulunterricht. Hermann Hesse, der Geschichtenerzähler, hat mich so tief berührt, dass ich selbst eine Geschichtenerzählerin wurde.

Geschichten sind so wirksam, weil sie nicht nur unseren Verstand beschäftigen, sondern unser Gefühl. Sie sind wirksam, weil in einer Geschichte nicht nur ein Ereignis auf das andere folgt, sondern die Ereignisse sich zu einem sinnvollen Ganzen anordnen, weil sie einen Prozess darstellen. Dazu müssen wir nichts tun. Unser Bewusstsein ist ein Prozess-Bewusstsein, es sucht überall den Prozess, denn der Prozess ist Heilung und der Prozess ist Kraft. Eine Geschichte ist wirksam, weil sie dem Geschehen eine emotionale Realität verleiht. Weil sie uns mit der Bewegung des Seins verbindet. Eine Geschichte ist wirksam, weil in ihr von Menschen erzählt wird und weil sie uns dadurch zu Identität einlädt. In Geschichten geht es um Beziehungen und in Geschichten geht es um Werte. In Geschichten geht es darum, wie jemand Schwierigkeiten überwindet, je größer, desto besser. Es geht darum, dass das scheinbar Schlimmste zum Besten wird, aber erst im Rückblick. Erst wenn wir am Ende der Geschichte angekommen sind.

„Alles ist für etwas gut" – sollte verboten werden.

Jeder weiß, dass es schwierig ist, Worte zu finden für Menschen, die mitten in einer dicken Sch ... festsitzen. Jeder gut gemeinte Kommentar scheint noch mehr Schmerz hervorzurufen als der oder die Geplagte ohnehin schon erleidet. Besonders Kommentare wie: „Alles ist für etwas gut." Damit klaut man dem Leidenden seine Geschichte. Die Geschichte besteht ja gerade darin, dass überhaupt nichts gut ist und auch nicht die geringste Aussicht besteht, dass es je gut werden wird. Erst wenn man dort angekommen ist, kann es überhaupt wieder gut werden, denn dann ist man im Prozess, in der Wandlungskraft der Geschichte angelangt. Solange wir draußen stehen und zuschauen, wie alles den Bach hinuntergeht, kann nichts wieder gut werden. Wir müssen mit in den Bach, in den Strom und untergehen, bevor wir wieder auftauchen, oder auch nicht oder als jemand anderes.

Eine Geschichte muss gut ausgehen, sonst ist es keine Geschichte.

Wir müssen uns unsere Geschichten erleben lassen und nicht versuchen, sie zu erklären oder als bloße Geschichten abzutun. Es gibt nichts, was näher an uns dran ist, als unsere Geschichte.

Gerade eine Kultur wie unsere, die auf einer der dramatischsten Geschichten der Menschheit aufgebaut ist, sollte das ernst nehmen: Die Geschichte von Jesus Christus. Tod am Kreuz. Gewaltlosigkeit siegt über Gewalt. Der Tod ist nicht das Ende. Die Geschichte: Ein charismatischer Wanderprediger zieht die Menschen an, vor allem die Opfer von Gewalt und Ungerechtigkeit. Dadurch fühlt die herrschende Klasse sich in ihrem Herrschaftsanspruch bedroht. The Empire strikes back. Jesus wird als gemeiner Verbrecher gekreuzigt. Der Tod von Jesus bewirkt einen kollektiven Bewusstseinssprung. Denn die Geschichte von Jesus Christus ohne Happy End ... Welche Hoffnung gibt es noch, wenn der Hoffnungsträger tot ist? Eigentlich nur die Auferstehung im Geiste, die Unsterblichkeit. Der Prozess endet immer in der Heilung und die menschliche Kreativität ist diesbezüglich unschlagbar.

Wenn wir wissen wollen, wo wir im Leben stehen, müssen wir uns nur anschauen, was für Geschichten wir über uns und unser Leben erzählen. Klar stecken wir alle in harten Geschichten fest, klar wirft uns das Leben täglich neuen Sprengstoff vor die Füße. Aber machen wir etwas daraus, das ein Happy End hat? Bringen wir den Prozess, die Geschichte zu Ende? Und wer sind wir in der Geschichte?

Wenn wir zu Heilern unserer selbst werden wollen, müssen wir unsere Geschichten erzählen.

Wir dürfen es nicht nur Hollywood und Hermann Hesse überlassen. Wir müssen UNSERE Geschichten erzählen. Uns selbst, unseren Freunden, unserer Familie, der Welt. Letzte Nacht habe ich geträumt. Das erste Mal seit langer Zeit kann ich mich an einen längeren, zusammenhängenden Traum erinnern. Es zeigt mir, dass etwas wieder in Ordnung kommt, denn ich erinnere mich sonst häufig an Träume. In dem Traum traf ich mich mit meiner Familie, meinen Geschwistern, meiner Mutter und noch anderen Mitgliedern meiner Herkunftsfamilie. Ich fühlte mich ausgeschlossen, ich hatte Angst, dass sie mich verurteilen würden. In Wirklichkeit tun sie das nicht, im Gegenteil. Im Traum sagte ich zu ihnen: „Warum fragt ihr mich nicht, wie es mir wirklich geht?" Ich ging beleidigt weg. Als ich aufwachte und über den Traum nachdachte, wurde mir klar, dass es meine Aufgabe ist, meine Geschichte zu erzählen. Damit sie mich verstehen, damit sie wissen, wie es mir geht. Woher sollen sie es wissen, wenn ich es ihnen nicht erzähle?

Zum Geschichtenerzählen gehört auch, dass man die Geschichte so erzählt, dass der Zuhörer sie verstehen kann. Dazu muss man bestimmte Details weglassen oder hinzufügen, ohne den Kern zu verlieren.

Wenn man in einer Krise steckt, sieht die Geschichte jeden Tag anders aus.

Wenn man sich selbst beobachtet, entwirft man stets neue Szenerien für den Ausgang seiner Geschichte, Horrorszenarien und Hoffnungsszenerien. Man prüft die Optionen, nicht nur strategisch, sondern auch emotional. Wie fühlt es sich an, tot zu sein? Wie fühlt es sich an, ein neues Leben anzufangen? Die Option, tot zu sein, fühlte sich lange Zeit sehr gut an. Hätte ich sie mir nicht erlaubt, wäre ich vielleicht wirklich von der Brücke gesprungen.

Wenn ich zurückblicke war eine meiner größten Blockaden, dass ich mir bestimmte Wendungen der Geschichte nicht erlauben wollte. Damit habe ich die Geschichte abgewürgt. Klar hätte ich an vielen Stellen gern eine edlere Geschichte gehabt. Wäre ich gern eine anmutigere Heldin gewesen. Aber eine Geschichte folgt dem Prozess, der Inhalt ist nur der Ausdruck des Prozesses. Ich wünschte, wir könnten alle die Neutralität des Geschichtenerzählers und der Geschichtenerzählerin einnehmen, die der Geschichte freien Raum lassen.

Das Leben erzählt die Geschichte ohnehin so, wie sie ist.

Egal, wie sehr wir sie schönbiegen, unsere Geschichten, der Prozess ist stärker. Der Prozess ist eine Energie, die sich ihren Raum sucht. Der Prozess ist ein gnadenloser Richter, klarer und unbestechlicher als jeder menschliche Richter. Die Entwürfe, die wir machen für unser Leben sind Versuche, den Prozess einzufangen.

Wenn der Prozess turbulent ist, fühlt sich das an wie Schmetterlingsfangen oder Kakerlakenerschlagen (die übrigens viel überlebensfähiger sind als der Mensch).

Unsere Vorstellungskraft ist unsere größte Heilkraft.

Wenn alle Heilung Selbstheilung ist und wir dazu einen enthusiastischen Geisteszustand brauchen, dann brauchen wir authentische Geschichten mit Happy End. Ich bin nicht wirklich überzeugt von der Option, dass wir ohne Schmerz und ohne angemessenes Leiden durch einen Instant-Energieschub geheilt werden. Wir betrügen uns dabei um unsere Geschichte und um unser Wachstum. Eine Transformation ist nur so nachhaltig wie sie mit ganzem Gefühl gelebt wird. Und das hat nichts mit Bildung zu tun. Alle Menschen brauchen Geschichten, sonst hätten wir kein Fernsehen, kein Kino, keine Zeitungen, keine Bibel. Sonst hätten wir kein so großes Bedürfnis, unseren Freunden und Partnern, unserer Welt zu erzählen, was wir erlebt haben. Sonst wäre ich jetzt nicht unterwegs zu meiner Freundin Eva, um ihre neuen Geschichten zu hören und meine zu erzählen. Nicht Fakten, sondern Geschichten, die für eine Zuhörerin bestimmt sind, wie ein Buch für Leser. Im Geschichtenerzählen machen wir unser Erleben zu einem geteilten Erleben. Wir kehren zurück in den Stamm.

Wenn ich jetzt genauer darüber nachdenke, was die Frauen in meinem neuen Amazonenstamm eigentlich tun, warum wir stundenlang in der Küche sitzen, dann geht es ums Geschichtenerzählen. Wir erzählen uns unsere Geschichten und sie sind so spannend, weil unserer Welten so verschieden sind. Und ist so heilsam, weil wir sie vorurteilslos anhören.

Ich träume von unserem Stamm.

Das Buch endet am 2. März mit meiner Reise nach Frankreich zu meiner Freundin Eva, dorthin, wo die Reise begann. Ich bin jetzt eine andere. Ich bin stärker und klarer. Ich habe mich selbst wiedergefunden. Es liegt noch ein langer Weg vor mir. Vielleicht, vielleicht auch nicht. Ich erlaube dem Leben so zu sein, wie es ist.

Ich habe das große Bedürfnis, das Buch zu veröffentlichen. Der Grund ist, ich möchte gesehen werden, so wie ich bin. Und es ist meine Aufgabe, dafür zu sorgen. Ich möchte nicht länger Projektionen anderer absorbieren und sie für meine Realität halten. Und es ist meine Aufgabe, dafür zu sorgen, dass andere meine Realität erfahren. Dazu muss ich mich zuerst selbst daran erinnern, wer ich bin. Das kann ich auch dadurch, dass ich mich öffentlich mache. Dadurch, dass ich in den Austausch trete. Dann kann ich lernen, wer ich bin und wer die anderen sind.

Ich träume davon, dass wir uns alle zu einem großen Stamm zusammenfinden. Dem Stamm der Menschheit auf diesem Planeten. Dass wir unsere Schmerzen und unsere Freude teilen in aller Wahrheit und uns dadurch gegenseitig Kraft geben und heilen. Dass wir uns hören und respektieren und lieben.

Danksagung

Ein ganz großer Dank geht an Eva Reifler, die mich zum richtigen Zeitpunkt, in meinem größten Elend, gepackt und zu sich geholt hat. Die mir mit ihren wundervollen Pferden einen Weg zurück in die Realität geebnet hat, nachdem ich die Realität vollkommen verloren hatte.

Ich danke Eric Winckert, ihrem Lebenspartner, der mich wie Eva mit offenem Herzen in sein Heim aufgenommen hat und mir Wärme und Verständnis geschenkt hat.

Ich danke meiner Familie, meinen Kindern, meinem Mann, meiner Mutter, meinem Onkel, meinen Geschwistern und ihren Familien, dass sie für mich da waren, dass sie mir Halt gegeben haben und den Schutz einer Gemeinschaft, die immer zu mir steht.

Ich danke meinen Freundinnen und Freunden und den Weggefährten, die mich begleiten, die meine Werte, Träume und Verwirklichungen mit mir teilen. Sie waren im richtigen Augenblick für mich da und haben mir gezeigt, dass die Menschen liebende und mitfühlende Wesen sind, auch wenn ich vom krassen Gegenteil überzeugt war. Sie haben mich umhüllt wie ein großes warmes Feld aus Liebe und Wertschätzung. Sie haben mir klar gemacht, dass ich gesehen werde, dass ich gebraucht werde und dass ich geliebt werde.

Ich danke Victoria Galan Perez, einer ungewöhnlichen Frau, die mich ohne jeden Vorbehalt und ohne Fragen zu stellen in ihre WG aufgenommen hat zu einem Zeitpunkt, wo ich dringend ein neues Zuhause brauchte. Ich habe es gefunden: Eine Gemeinschaft von Frauen aus verschiedenen Kulturen, die sich gegenseitig respektieren und Mut machen. Eine Höhle der Heilung über den Dächern von Stuttgart, in der ich dieses Buch schreiben konnte.

Mein Dank geht an Esther Kochte, die mich mit ihrer Präsenz und Weisheit in einem der verletzlichsten Momente meines Lebens berührt hat und mir einen neuen Weg geöffnet hat. In ihrem Seminar "Theta Floating" habe ich den Impuls bekommen, dieses Buch zu schreiben.

Ein Geschenk des Augenblicks war Gabriele Schmid, eine Autorenkollegin und Mitarbeiterin des Verlags, der ich das Buch in die Hände legen durfte, wie einer Amme ein Baby. Sie hat dem Buch eine Schrift und ein Aussehen verliehen – und nicht nur das Buch, sondern auch die Autorin mit Feingefühl und viel Herz betreut.

Ein Glücksfall auch die Grafikerin Corina Witte-Pflanz, die das Wesen des Buches in einer Zeichnung für das Cover einfing.

Ich danke meiner Stute Tinnia, meiner Katze Mia, Evas Wallach Zaki und auch Evas anderen Pferden, die mich tief berührt haben und mich daran erinnert, dass ich die Nähe, die ich brauche, immer wieder finden kann. Dass mein Herz vielleicht gebrochen ist, aber dass es immer noch ungebrochen lieben kann.

Über die Autorin

Geb. 1961, Magistra Theaterwissenschaften / Philosophie, Köln und Berlin, Studium "Szenisches Schreiben" an der Universität der Künste, Berlin, Theaterregisseurin, Dramaturgin, Autorin zahlreicher Theaterstücke, Romane und Sachbücher, Schreibcoach, Leiterin der Pegasus Schreibschule, Ausbildung zum EponaQuest Advanced Instructor, pferdegestütztes Erfahrungslernen bei Linda Kohanov, Gründerin Heros Journey mit Pferden®, Seminare und Ausbildung, Verlegerin spiritbooks, Mutter von zwei erwachsenen Kindern, zur Zeit wohnhaft in Stuttgart.

www.spiritbooks.de

Bücher, die authentisch sind und Spirit haben.

Die Bücher des Verlags erhalten Sie in allen Buchhandlungen und bei zahlreichen Online-Anbietern wie amazon.de. Sie können die Bücher auch beim Verlag direkt bestellen: **www.spiritbooks.de**

Wenn Sie direkt beim Verlag bestellen, unterstützen Sie den Verlag und die Autoren.

Die Vision des Verlags

Vertrauen in das Gespür von Leserinnen und Lesern

Bedingungslos authentische Bücher

Autorinnen und Autoren als Persönlichkeiten, die etwas Unverwechselbares zu erzählen haben.

Ulrike Dietmann
Heldenreise ins Herz des Autors

Finde heraus, was deine Autorenseele im Innersten bewegt. Elf Schritte führen dich auf einer Heldenreise zu deinem kreativen Selbst, zur Quelle deiner Inspiration, zu authentischen Gefühlen und deiner persönlichen Ausdruckskraft.

www.spiritbooks.de

Ulrike Dietmann
"Epona – Die Pferdegöttin"

Eine Geschichte, die uns zu den Wurzeln unserer Kultur führt, in die Zeit der ersten keltischen Siedlungen, als das Pferd heilig war und die Göttin noch unter den Menschen lebte.

www.spiritbooks.de

Ulrike Dietmann
"Das Medizinpferd –
Band I Einweihung"

Valerie erlebt unter den Nachkommen von Indianern eine spirituelle Einweihung in eine unbekannte Wirklichkeit und lernt die besonderen Fähigkeiten der Pferde kennen ...

www.spiritbooks.de

Ulrike Dietmann
"Das Medizinpferd – Band II
Unbreak my Heart"

Valerie verliebt sich in den Halbindianer Tom und muss sich mit ihrer tiefen Angst, verlassen zu werden, konfrontieren. Bei den Pferden findet Valerie unerwartete Kraft und einen Weg der Befreiung.

www.spiritbooks.de

Ulrike Dietmann
"Reise in die innere Wildnis"

In der Natur ist alles einer steten Verwandlung unterworfen. In diesem Buch lernst du, dich mit der Intelligenz der Natur durch dein Leben zu bewegen. 123 Aufgaben warten auf dich. Wenn du sie bestanden hast, wirst du eine andere ein anderer sein.

www.spiritbooks.de

Ute Wilhelms
Hautnah

In ihrem Buch schildert die Reittherapeutin Ute Wilhelms authentisch und einfühlsam die Arbeit mit psychiatrischen Patienten. Anhand vieler Fallbeispiele zeigt sie wie Pferde verletzte Seelen heilen.

www.spiritbooks.de

Shelley Rosenberg
Meine Pferde, meine Heiler

Lesen Sie die bewegende Autobiografie der Grand-Prix-Reiterin Shelley Rosenberg mit einem Vorwort von Linda Kohanov.

www.spiritbooks.de

Heike Gäßler
Der leuchtende Schuh

Die Geschichte einer spirituellen Erfahrung und zugleich eine Liebesgeschichte, die uns an Schauplätze in Taiwan, Indonesien, Singapur, China, Tibet und in die Mongolei führt.

www.spiritbooks.de